Uta Hauck-Thum

Sommer

in der 3. und 4. Klasse

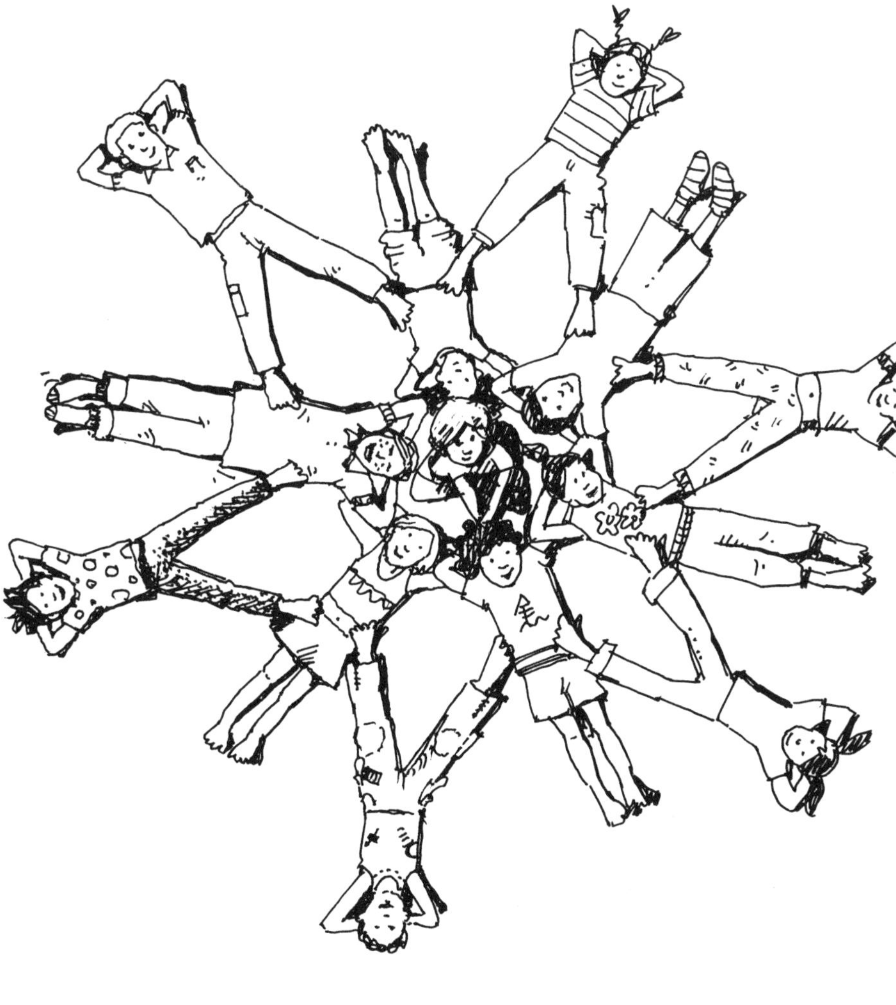

Materialien für den Unterricht
Hase und Igel®

www.hase-und-igel.de

Lektorat: Dorothea Schauer
Layout: Claudia Trinks
Illustrationen: Petra Dorkenwald
Druck: Köppl und Schönfelder GmbH, Augsburg

ISBN 978-3-86760-805-3
2. Auflage 2008

Vorwort

Sommer, Sonne und bald sind Ferien! Die Anspannungen des Schuljahres sind von den Kindern abgefallen. Die Drittklässler haben sich an die gestiegenen Anforderungen gewöhnt und viele Viertklässler die zermürbende Periode des Übertritts überstanden. Dies ist genau der richtige Zeitpunkt für ein intensives Erleben des Sommers im Unterricht.

Diese schöne Jahreszeit bietet eine Fülle an Möglichkeiten, mit den Kindern in die Natur zu gehen, den Sommer zu erleben, ihn zu entdecken und mit ins Klassenzimmer zu bringen. Unter Berücksichtigung zentraler Lehrplanthemen des dritten und vierten Schuljahres werden zahlreiche Aspekte des Sommers aufgegriffen und vertieft. Ganzheitliches Lernen und Erleben stehen dabei im Vordergrund. Der vorliegende Band bietet Ihnen vielfältiges Material für einen abwechslungsreichen Unterricht.

Der Band besteht aus sieben Kapiteln, die flexibel und unabhängig voneinander einsetzbar sind. Jedes Kapitel ist gegliedert in einen Lehrerteil mit didaktischen Ausführungen zum Einsatz der Arbeitsblätter, Lösungen und weiteren praxiserprobten Ideen zur Unterrichtsgestaltung sowie ansprechend gestaltete Kopiervorlagen für die Hand der Schüler. Querverweise zwischen den einzelnen Kapiteln zeigen sinnvolle Bezüge und Vertiefungsmöglichkeiten auf.

- Das erste Kapitel macht vielfältige Vorschläge, wie Sie Ihre Kinder zum freien Schreiben zu sommerlichen Themen motivieren können.

- Viele Kinder freuen sich bereits auf den bevorstehenden Sommerurlaub. Im zweiten Kapitel bereiten sie sich gedanklich auf Reisen in europäische Länder vor und erproben das erworbene Wissen in Spiel- und Schreibanlässen. Geschichten werden aus dem Koffer gezaubert und die Kinder gehen auf Lesereise.

- Wasser gehört zum Sommer wie die Sonne: als Trinkwasser zum Erfrischen, zum Schwimmen ... Das dritte Kapitel behandelt den Wasserkreislauf, führt verschiedene Experimente vor und lädt ein, Brunnen in der Umgebung aufzusuchen.

- Die Vorschläge des vierten Kapitels regen die Kinder zum Malen und Basteln an.

- Das fünfte Kapitel animiert zu sommerlichen Spielen und Tänzen für den Innen- und Außenbereich.

- Das sechste Kapitel bietet leckere Sommerrezepte, die einfach umzusetzen sind.

- Die Planung und Durchführung einer sommerlichen Radiosendung im siebten Kapitel rundet den Band ab.

Viel sommerlichen Spaß und Erfolg wünscht Ihnen und Ihren Schülern

Uta Hauck-Thum

Inhalt

1. Kapitel: Sommerliche Schreibanlässe

2. Kapitel: Auf Reisen

3. Kapitel: Rund ums Wasser

4. Kapitel: Malen und basteln

5. Kapitel: Spiele und Tänze

6. Kapitel: Sommerrezepte

7. Kapitel: Projekt Radio

1. Kapitel: Sommerliche Schreibanlässe

Vorbemerkung

Kinder brauchen vielfältige Anregungen, um selbstständig Schreibideen entwickeln zu können. Ziel ist es, die kindliche Schreibfreude zu wecken. Der Sommer mit seiner Fülle an Sinneseindrücken bietet ein weites Feld für motivierende Schreibanlässe.

Das Kapitel beinhaltet Vorschläge für einen abwechslungsreichen Schreibunterricht. Machen Sie den Kindern verschiedene Angebote und stellen Sie sich auf die Bedürfnisse Ihrer Schüler ein. Die Kinder sollen Lust bekommen, aus freiem Willen und ohne Druck einen Text zu verfassen, entweder in Einzelarbeit, mit einem Partner oder in der Gruppe.

Lehrplanbezug

Deutsch

- Für sich und andere schreiben
- Freie Texte schreiben
- In kreativitätsanregenden Situationen schreiben
- Richtig schreiben

Anregungen für den Unterricht

Für einen erfolgreichen Schreibunterricht ist eine positive Arbeitsatmosphäre sehr wichtig. Große, lose Blätter, farbiges Papier, unterschiedliche Schreibgeräte, leise Musik, Duftkerzen, eine variable Sitzordnung, Schreiben im Liegen oder im Stehen können den Erfolg einer Schreibphase beeinflussen.

Auch Sie sollten sich am Verfassen und Vortragen eigener Texte beteiligen, um die Bedeutung des Schreibunterrichts zu betonen.

Alle Sinne müssen miteinbezogen werden, wenn die Lust am Schreiben geweckt werden soll. Verlegen Sie den Unterricht im Sommer direkt in die Natur. Mit Stift und Block ausgerüstet, schreibt es sich an einem idyllischen Plätzchen besonders gut.

Doch Sie können den Sommer auch ins Klassenzimmer holen. An unterschiedlichen Stationen riechen, fühlen, schmecken und hören die Kinder die warme Jahreszeit.

- Bereiten Sie die *Riechstation* zusammen mit den Kindern vor. Füllen Sie die Materialien in Joghurtbecher oder ähnliche Döschen und verschließen Sie sie mit durchlöcherten Deckeln oder undurchsichtiger durchlöcherter Folie (z. B. zerschnittenen Plastiktüten, mit Haushaltsgummi befestigt).
  Es eignen sich z. B. kräftig riechende Blüten oder Rosenblätter, Lavendel, reifes Obst, Mandeln, reifes Getreide, gemähtes Gras, frisch eingekochte Marmelade oder Sonnenöl.
- Eine Fühlkiste für die *Fühlstation* leistet das ganze Jahr gute Dienste bei der Einstimmung auf verschiedene Themen des Unterrichts. Sie benötigen eine Schachtel mit Deckel (z. B. einen Schuhkarton). In den Deckel schneiden Sie eine runde Öffnung zum Hineingreifen. Damit die Kinder nicht mogeln können, befestigen Sie Tüll rund um den Rand des Loches. Mit einem Gummiband fixieren Sie den Deckel auf der Schachtel.
  Zum Fühlen eignen sich z. B. Getreide, Obst, Gemüse, ein nasser Badeanzug, Tauchringe, Schwimmflügel oder eine Taucherbrille.
- Die Kinder können die Aufnahmen für die *Hörstation* selbst herstellen. Machen Sie sich gemeinsam mit den Kindern auf den Weg oder schicken Sie die Kinder in die nähere Umgebung, um passende Geräusche aufzunehmen (z. B. Vogelstimmen, Geräusche auf dem Markt, auf dem Spielplatz, am Wasser).
- Für die *Schmeckstation* bereiten Sie z. B. Obst- und Gemüsestückchen, Eis, Fruchtsäfte, Eistee und andere sommerliche Lebensmittel vor und bieten sie auf Tellern und in Bechern als Kostproben an.

Die Eindrücke, die die Kinder beim Durchlaufen des Parcours gewinnen, setzen sie im Anschluss daran schriftlich um. Der Schreibauftrag lautet einfach: „Sommer“. Den Kindern bleibt es selbst überlassen, alle Sinneswahrnehmungen oder nur einen Teil einzubauen.

Zu den Kopiervorlagen

KV Seite 11

Fantasiereise

Die Fantasiereise kann als Schreibanlass dienen sowie als Hinführung oder Ausklang einer Unterrichtseinheit. Ein Schild mit der Aufschrift „Nicht stören! Klasse befindet sich auf Fantasiereise“ schützt vor Unterbrechungen. Fantasiereisen schulen die Konzentration der Kinder und trainieren sie, Ruhe zu halten. Überlassen Sie es den Kindern, ob sie die Augen schließen möchten. Mancher träumt besser mit offenen Augen. Je nachdem, welche Erfahrungen Sie mit Ihrer Klasse gemacht haben, lassen Sie die Schüler auf ihren Stühlen sitzen, den Kopf auf die verschränkten Arme auf der Bank legen oder sich in eine Ruheecke kuscheln. Leise Musik schafft eine ruhige Atmosphäre. Lesen Sie langsam mit entspannter Stimme vor und lassen Sie den Kindern ausreichend Zeit, am Ende der Geschichte wieder in die Realität zurückzukommen.

KV Seite 12/13

Hosentaschengeschichten

Während eines gemeinsamen Spaziergangs oder auf dem morgendlichen Schulweg sammeln die Kinder Dinge, die sie nur im Sommer finden und die Platz in einer Hosentasche haben. Der Fantasie der Schüler sind keine Grenzen gesetzt. Die Mitbringsel werden im Sitzkreis vorgestellt und betrachtet. Beteiligen auch Sie sich. Dinge, die den Vorgaben nicht entsprechen (zu groß, nicht zum Sommer passend), werden aussortiert.

Im Anschluss daran folgt die Schreibphase. Die Kinder entwerfen auf einem gesonderten Blatt zu einem der Fundstücke eine Geschichte. Nach der Überarbeitung schreiben die Kinder ihre Texte auf der Kopiervorlage ins Reine. Kopieren Sie das Deckblatt, kleben Sie es auf einen festeren Karton und heften Sie die Hosentaschengeschichten Ihrer Klasse daran.

Sie können die Geschichten der Kinder auch im Klassenzimmer aufhängen: Kartonieren Sie die Geschichten der Kinder und binden Sie sie an ca. 50 cm lange Schnüre. Vergrößern Sie das Deckblatt, schneiden Sie es aus und kleben Sie es auf stabile Pappe. Lochen Sie die Hosentaschen mehrmals an der Seite und befestigen Sie die Hose an der Wand. An die Löcher knoten Sie die Hosentaschengeschichten der Kinder.

KV Seite 14

Erzählbilder

Zwei Erzählbilder stehen zur Verfügung. Entweder Sie lassen die Kinder frei auswählen oder geben ein Bild vor. Als Einstimmung auf das untere Erzählbild eignet sich die Fantasiereise von Seite 11.

Geben Sie Ihrer Klasse zunächst Zeit, das Erzählbild genau zu betrachten und Eindrücke mündlich zu schildern. Ideen zum Verlauf einer Geschichte soll jedes Kind jedoch selbst entwickeln. Ansonsten kann es passieren, dass die Vorschläge leistungsstarker Kinder von anderen übernommen werden.

Fehlt einem Kind die zündende Idee, versuchen Sie ihm weitere Anstöße zu geben. Halten Sie Alternativangebote bereit: Abbildungen aus Kinderkalendern, Bilderbüchern und Zeitschriften oder andere Angebote zum freien Schreiben.

Weiterführende Anregung

Machen Sie aus einem Erzählbild ein Puzzle. Dazu kartonieren Sie das Bild, überziehen es mit Folie und zerschneiden es. Auch andere sommerliche Bilder oder Zeichnungen der Kinder eignen sich gut als Puzzle. Beim Zusammenfügen der Puzzleteile setzen sich die Kinder besonders intensiv mit dem Bild auseinander. Der Blick wird auf Einzelheiten gelenkt, wodurch eine gedankliche Vorarbeit für den späteren Schreibprozess geleistet wird. Die Kinder arbeiten entweder allein, in Partner- oder Gruppenarbeit an einem Puzzle, schreiben aber ihre Texte in Einzelarbeit.

KV Seite 15

Rot leuchten die Johannisbeeren

Den Kindern fällt das freie Schreiben leichter, wenn sich der Schreibauftrag auf eine lyrische Vorlage bezieht. Lassen Sie die Kinder zu den Stichworten „Amsel“ und „Johannisbeeren“ zunächst eigene Texte verfassen. Anschließend vergleichen Sie die Entwürfe der Klasse mit dem Gedicht von Josef Guggenmos.

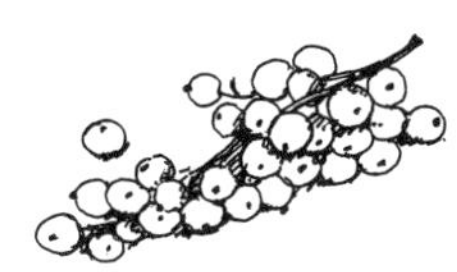

Hinführung

Falls Sie im Schulgarten keinen Johannisbeerstrauch haben, setzen Sie die Fühlkiste ein und lassen Sie die Kinder die Beeren ertasten. Alternativ können die Schüler das Obst mit geschlossenen Augen kosten. Anschließend äußern sie sich dazu.

Freie Schreibphase
Der Arbeitsauftrag lautet: „Setze die beiden Stichworte Johannisbeeren und Amsel in Beziehung zueinander und schreibe einen Text dazu.“

Vielleicht zeigen Sie den Kindern ein Modell aus der Biologiesammlung oder ein Bild. Es können dabei völlig unterschiedliche Textsorten entstehen. Von eigenen Erfahrungen, Fantasiegeschichten und Gedichten bis hin zu Sachtexten ist alles denkbar. Im Anschluss werden die Texte vorgetragen und gewürdigt.

Gedichtvortrag und literarisches Gespräch
Es folgt der Vortrag des Guggenmos-Gedichts durch Sie oder ein Kind Ihrer Klasse.

Die Kinder äußern sich zu dem Gehörten. Klären Sie gemeinsam folgende Fragen:

- Um welche Art von Text handelt es sich?
- Wodurch unterscheidet sich das Gedicht von den selbst verfassten Texten?
- Gibt es Parallelen?

Die Vielfältigkeit der Texte soll hier betont werden.

Verschiedene Umsetzungsmöglichkeiten
Die Kinder lesen das Gedicht erst laut und dann klanggestaltend. Daraufhin erarbeiten sie in Vierergruppen eine der folgenden Umsetzungsmöglichkeiten. Schreiben Sie die Anweisungen zu den verschiedenen Darstellungsformen auf Kärtchen und verteilen Sie sie an die Gruppen.

Sie kennen Ihre Klasse und wissen, wer seine Talente wo am besten ausschöpfen kann. Sind Kinder zurückhaltend, kommt ihnen z. B. der Vortrag mit Puppen entgegen. Wer nicht über passende Handpuppen verfügt, kann sich mit Stabpuppen aus Pappe behelfen.

Ihre Aufgabe ist es nun, die Gruppenarbeit zu koordinieren und den Kindern helfend, beratend und ermutigend zur Seite zu stehen.

- Pantomime
  Zwei Kinder lesen das Gedicht vor. Überlegt euch, wie ihr den Text untereinander aufteilt. Könnt ihr so lesen, dass euer Publikum interessiert zuhört?
  Die übrigen Gruppenmitglieder spielen zum Text, teilen die Rollen auf und überlegen sich passende Bewegungen.
- Mimik
  Zwei von euch lesen das Gedicht vor. Lest sehr betont und unterhaltsam.
  Die beiden anderen sitzen auf Stühlen und bewegen nur das Gesicht. Welcher Gesichtsausdruck passt zum Text? Ein Kind spielt den Mann, das andere die Amsel.
- Musik
  Zwei Kinder lesen das Gedicht vor. Überlegt euch, wie ihr den Text untereinander aufteilt. Euer Vortrag soll zu den Geräuschen passen.
  Das dritte Kind spielt die Trommel, das vierte übernimmt das Xylophon. Welche Geräusche passen zum Gedicht? Versucht, das Lesen mit den Geräuschen zu kombinieren.
- Puppentheater
  Zwei Kinder lesen das Gedicht vor. Arbeitet am Vortrag! Ihr wollt euer Publikum begeistern.
  Die beiden anderen übernehmen das Puppenspiel. Ein Kind spielt die Amsel, das andere Kind den Mann.

Die Gruppen stellen ihre Ergebnisse vor. Diese werden gewürdigt und diskutiert. Es soll deutlich werden, wie verschieden ein und derselbe Text dargestellt und vorgetragen werden kann.

KV Seite 16–21

Schreibstationen
Die vorliegenden Kopiervorlagen dienen als Arbeitsaufträge. Im Rahmen kreativer Schreibstationen werden die gestellten Aufgaben von den Kindern bearbeitet. Sie können aber auch einzeln als Aufgabe für die ganze Klasse eingesetzt werden. Wichtig ist dabei, wie beim freien Schreiben, eine anregende Schreibatmosphäre.

Ist den Kindern diese Form des Arbeitens noch nicht vertraut, kopieren Sie die Arbeitsblätter auf Folie und führen Sie die unterschiedlichen Schreibtechniken schrittweise ein. Thematisch kann jede Technik beliebig verändert werden und dadurch im Laufe des Schuljahres häufig zum Einsatz kommen.

Die Kinder schreiben ihre Ergebnisse auf die Kopien oder auf leere Blätter, die an den Stationen ausliegen. Stellen Sie dafür zwei Ablagen bereit.

Beim kreativen Schreibtraining geht es nicht um die Anzahl der abgearbeiteten Stationen. Es hängt ganz vom Leistungsvermögen der Kinder ab, welche und wie viele Schreibtechniken zum Einsatz kommen.

Weitere kreative Schreibtechniken finden Sie in: Dagmar Witschas / Brigitte Stiefenhofer, Kreatives Schreiben, pb-Verlag, München 2004.

Sommerwörter
Die Kinder finden zu den Buchstaben S, O, M, M, E, R passende Wörter, z. B.:

Schwitzen
Oleander
Meer
Mittagshitze
Eis
Ruhe

Für leistungsstärkere Kinder legen Sie die Wortart der zu findenden Wörter vorher fest (z. B. nur Adjektive). Leistungsschwächere Kinder dürfen auch Wörter verwenden, die nicht mit den vorgegebenen Buchstaben beginnen müssen. Sie heben sie dann im Wort farbig hervor, z. B.:

Ei**s**
H**o**tel
Meer
war**m**
F**e**rien
wande**r**n

Sommerwörter-ABC
Leistungsschwächere Kinder dürfen ein Wörterbuch zu Hilfe nehmen. Leistungsstärkere Kinder versuchen mit den Wörtern eine zusammenhängende Sommergeschichte zu schreiben.

Sommersätze
Leistungsstärkere Kinder können mit dem Partner oder in der Gruppe darum wetteifern, wem schneller sechs Sätze einfallen.

Satz-ABC
Leistungsschwächere Kinder dürfen wahlweise einen Satz oder einen Begriff aufschreiben.

Cluster
Beim Cluster ist es wichtig, dass den Kindern ein großes, leeres Blatt (mindestens DIN A3) zur Verfügung steht. Die Kinder stehen um einen Tisch, auf dem das Blatt liegt und um den sie mühelos herumlaufen können. Nur so haben sie genügend Platz, die Gedankenketten zu überblicken und zu ergänzen.

Es ist auch erlaubt, die Gedankenkette eines anderen Kindes zu ergänzen. Neue Ketten sollten wieder beim Ausgangswort „Sommer" beginnen, um das übergeordnete Thema nicht aus den Augen zu verlieren.

Ein Cluster ist eine gute Vorarbeit für das freie Schreiben, da dadurch Assoziationsketten entstehen, deren einzelne Teile in einer Geschichte zueinander in Beziehung gebracht werden können. Bei dieser Arbeitstechnik steht die Spontaneität der Kinder im Vordergrund. Ein Cluster wird später nicht rechtschriftlich berichtigt. Es findet deshalb auch keinen Platz in einem eventuell entstehenden kreativen Klassenbuch.

Satzballon
Indem die Satzanfänge durch weitere Satzteile ergänzt werden, entsteht ein immer längerer Satz. Diese Arbeitstechnik lässt sich gut als Wettbewerb durchführen, bei dem der längste sinnvolle Satz gewinnt.

Wiederholungssätze
Hier ergänzen die Kinder den Satzanfang „Im Sommer …". Sie können sich auch eigene Satzanfänge überlegen oder den Anfang von zwei Sätzen im Wechsel fortführen, z. B.:

Bei Sonnenschein …
Bei Regen …
Bei Sonnenschein …
Bei Regen …

Sommer-Elfchen
Variieren Sie die Vorgaben des Elfchens. Leistungsstärkere Kinder können versuchen ein Gedicht mit 16 Wörtern zu schreiben. Dabei wird eine fünfte Zeile mit fünf Wörtern eingefügt.

Gerüstgeschichte
Leistungsstärkere Kinder können die Gerüstgeschichte beliebig durch eigene Sätze erweitern. In Partnerarbeit geben sich die Kinder gegenseitig Gerüste vor und ergänzen diese.

Weitergeben
Gerade leistungsschwächere Kinder werden bei dieser Technik von der Gruppe mitgetragen und kommen durch eine gemeinsam verfasste Geschichte schnell zum Erfolg.

Bildwörter
Bildwörter lassen sich auch im Kunstunterricht gut umsetzen, indem man ein Wort in DIN-A3-Größe aufmalt und entsprechend mit Wasserfarben oder Wachsmalstiften ausschmückt.

Bildsätze
Leistungsstärkere Kinder können sich eigene Sommersätze bzw. Gedichte ausdenken, die sie anschließend bildlich darstellen.

Sommerbüchlein

KV Seite 22

Fassen Sie die Ergebnisse der kreativen Schreibstationen in einem Sommerbüchlein zusammen. Die Station „Cluster“ nehmen Sie nicht mit auf. Mithilfe der Kopiervorlage „Meine Sommergeschichte“ (Seite 23) korrigieren Sie vorab die Texte Ihrer Klasse rechtschriftlich. Die Kinder schreiben ihre verbesserten Geschichten ins Reine und gestalten ihre Seite individuell. Im 4. Kapitel (Seite 78) finden Sie Vorschläge zur Gestaltung. Bei der Station „Weitergeben“ schreiben die Schüler die berichtigte Geschichte entweder gemeinsam ab oder überlegen sich eine andere individuelle Lösung zur Gestaltung.

Abschließend malen Sie mit den Kindern das Deckblatt aus, kartonieren es und überziehen es mit Folie. Die Arbeitsergebnisse der Kinder werden gelocht und mit dem Deckblatt zusammengebunden. Das fertige Buch dürfen die Kinder der Reihe nach mit nach Hause nehmen oder an andere Klassen ausleihen.

Meine Sommergeschichte

KV Seite 23

Mit dieser Kopiervorlage können Sie die Rechtschreibfähigkeiten Ihrer Schüler individuell trainieren. Setzen Sie das Arbeitsblatt zur Korrektur der Geschichten aus dem freien oder kreativen Schreiben ein.

In der ersten Aufgabe werden die Rechtschreibung und die Wortarten geübt. Die zweite Aufgabe können Sie für jedes Kind individuell vorbereiten. Tragen Sie die Wörter in die Kästchen ein, die dem Kind besondere Mühe bereitet haben und die es finden muss. Wem dies zu aufwendig erscheint, der kann ein Klassenrätsel mit den am häufigsten falsch geschriebenen Wörtern erstellen. In die Sonne schreiben Sie die Anzahl der Wörter, die Sie versteckt haben.

In einer Schreibkonferenz besprechen Sie die Sommergeschichten. Vermitteln Sie den Kindern die dafür nötigen Kompetenzen. Die Kriterien, die die Kinder während der Schreibkonferenz beachten sollen, geben Sie ihnen z. B. in Form von Kontrollkarten in die Hand. Bereiten Sie eine größere Anzahl unterschiedlicher Kontrollkarten zu den verschiedenen Textsorten vor (siehe Beispielkarte). Gerade beim freien und kreativen Schreiben entstehen Kindertexte ganz unterschiedlicher Art, z. B. Sachtexte, Elfchen und Fantasiegeschichten.

Kontrollkarte „Elfchen“:

- Besteht das Gedicht aus 11 Wörtern?
- Stimmt die Anzahl der Wörter in den einzelnen Zeilen?
- Passt der Text zu den Anweisungen?
- Stimmt die Rechtschreibung? Schlage im Wörterbuch nach.

Sommerrätsel

KV Seite 24

Neben einem interessenbezogenen individuellen Rechtschreibunterricht müssen auch die Wörter des Grundwortschatzes der Jahrgangsstufen 3 und 4 geübt werden. Im Wörterrätsel sind 17 Sommerwörter waagerecht, senkrecht und diagonal versteckt. Die Kinder schreiben die gefundenen Wörter in die Zeilen.

Ein Wort enthält einen Umlaut. Weisen Sie die Kinder darauf hin, dass Umlaute in Kreuzworträtseln anders geschrieben werden (hier Ü = UE).

Die zweite Aufgabe dient der Sicherung der Wortarten und der Wortschatzerweiterung.

Lösung

Aufgabe 1:

O	Z	S	C	H	W	I	M	M	E	N	C	P	E
F	R	E	H	M	I	T	T	A	G	B	F	G	R
G	U	E	I	Z	T	U	V	H	B	R	O	S	S
B	G	Q	T	S	W	Z	I	J	T	I	P	O	Q
R	N	R	Z	O	X	Y	K	L	U	L	O	M	T
E	I	R	E	N	N	E	N	M	N	L	V	M	W
N	S	O	P	N	D	R	A	U	ß	E	N	E	X
N	Z	F	R	E	I	A	T	E	F	K	Y	R	H
E	Y	N	D	B	G	L	U	E	C	K	Z	L	I
N	A	B	C	I	D	U	R	S	T	G	J	M	Z
J	K	S	C	H	W	I	T	Z	E	N	X	A	Y
L	M	N	Q	S	R	U	T	V	P	O	W	I	V

Aufgabe 2:

der Brand – brennen – brennend
die Sonne – sonnen – sonnig
der Durst – verdursten – durstig
das Glück – glücken – glücklich
die Hitze – heizen – hitzig
die Freiheit – befreien – frei

Fantasiereise

Setze dich bequem auf deinen Stuhl. Entspanne dich. Atme ruhig ein und aus. Verschränke die Arme auf dem Tisch und lege deinen Kopf darauf. Wenn du möchtest, schließe die Augen.

Es ist ein heißer Julitag. Die Sonne scheint und keine Wolke ist am Himmel zu sehen. Du hast es gut, denn du bist in dein Baumhaus geklettert, hoch oben in den Zweigen einer wunderschönen alten Linde. Hier oben ist es angenehm kühl. Die Blätter rauschen sacht hin und her, denn es geht ein leichter Wind. Das Zirpen der Grillen dringt leise zu dir herauf.

Du blickst umher und kannst über die goldgelben Weizenfelder sehen, die sich bis zum Horizont erstrecken. Hinter dir beginnt ein kleiner Wald.

Plötzlich landet eine Krähe auf dem Ast über dir. Sie schaut neugierig zu dir hinunter und bleibt ruhig sitzen. Du blinzelst ihr zu. Plötzlich fühlst du dich selbst wie ein Vogel. Am liebsten würdest du eine Runde fliegen.

Schon spreizt du in Gedanken deine Flügel und gleitest in den Sonnenschein hinaus. Die Felder lässt du weit unter dir. Hinter einem Hügel taucht ein kleines Dorf auf. Mit einigen kräftigen Flügelschlägen erreichst du den Kirchturm. Du landest vorsichtig auf der Spitze und schaust hinunter. Es ist gerade Mittagszeit und zum Glück ist bei dieser Hitze niemand auf der Straße, der dich sehen könnte.

Langsam wirst du ein wenig müde und machst dich wieder auf den Weg zu deinem Baumhaus. Einmal fliegst du noch um den Kirchturm herum, dann segelst du entspannt zurück. Sanft trägt dich der warme Aufwind. Du breitest deine Schwingen aus und landest wieder auf dem Bretterboden. Froh spürst du den Boden unter den Füßen.

Du reckst und streckst dich und reibst deine Arme. Als du nach oben blickst, sitzt die Krähe noch immer an ihrem Platz. Sie blickt dich verwundert an.
„Na, Krähe! Wollen wir einmal gemeinsam einen Ausflug machen?"

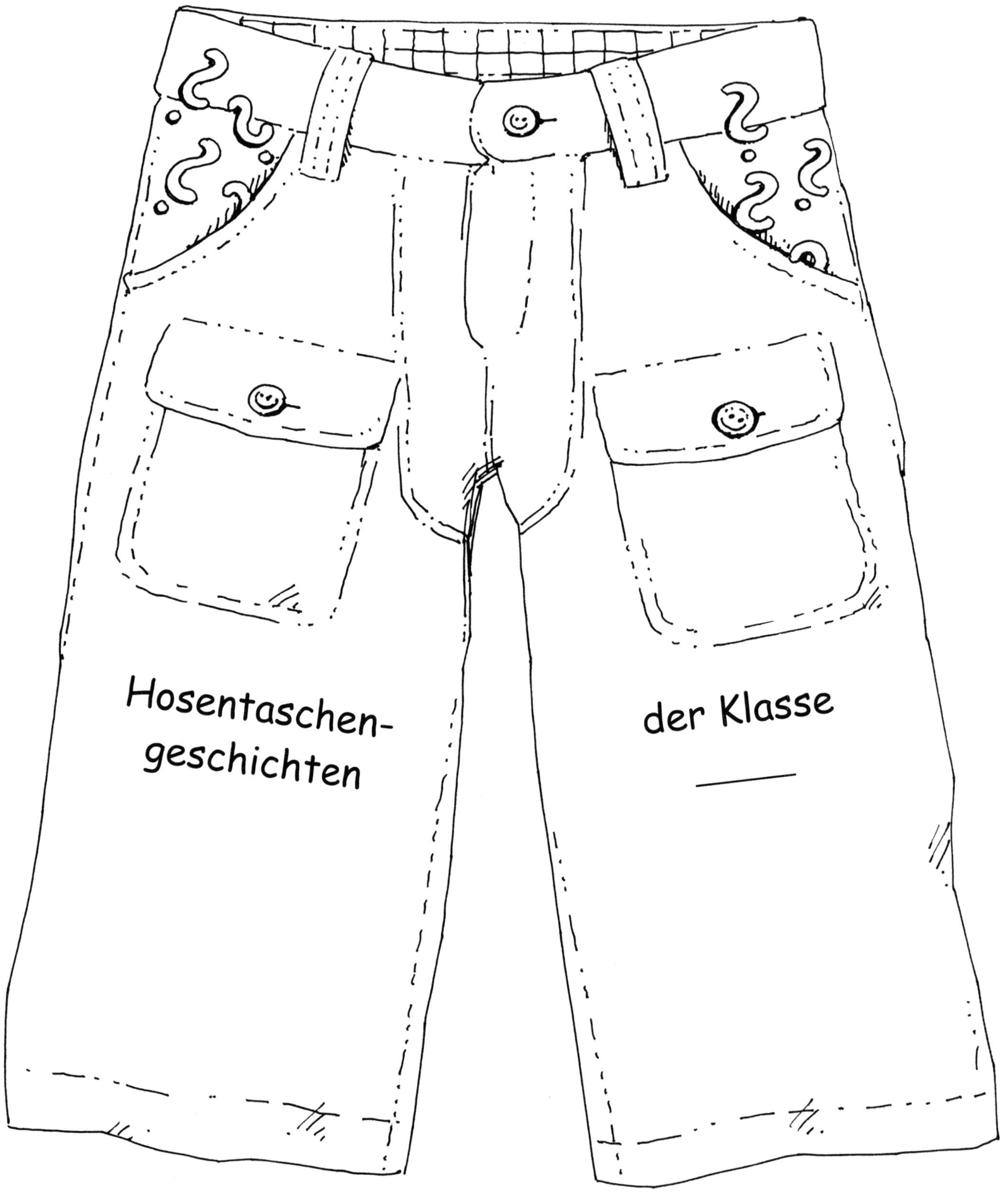
Hosentaschen-
geschichten
der Klasse

Diese Geschichte kommt
aus der Hosentasche von:

Erzählbilder

Rot leuchten die Johannisbeeren

Mittagsstille. Sommerzeit.
Gartenwelt voll Friedlichkeit.

Rot leuchten die Johannisbeeren.
Sie leuchten – locken zum Verzehren.

Ein schwarzes Vogelwesen sitzt
stillvergnügt im Busch und pickt.

Da rennt ein Mann hinzu und schreit.
Die Amsel flieht, doch nicht sehr weit.

Sie zetert laut, ist sehr empört,
weil man sie bei der Mahlzeit stört.

„Bleib von den Beeren!“, schreit der Mann.
Die schwarze Amsel hört sich's an.

Der Menschen-Mann verlässt den Ort,
geht heim zum Haus, verschwindet dort.

Die Amsel huscht zum Busch zurück.
Mittagsstille. Sommerglück.

aus: Josef Guggenmos, Oh Verzeihung, sagte die Ameise
Beltz & Gelberg in der Verlagsgruppe Beltz, Weinheim & Basel

Schreibstation:

Sommerwörter

Finde Wörter zum Thema „Sommer“, die mit folgenden Buchstaben beginnen.

S ____________________

O ____________________

M ____________________

M ____________________

E ____________________

R ____________________

Schreibstation:

Sommerwörter-ABC

Schreibe das Alphabet untereinander auf. Finde zu jedem Buchstaben ein Wort zum Thema „Sommer“.

A ____________________

B ____________________

C ____________________

Schreibstation:

Sommersätze

Beginne mit jedem Buchstaben des Wortes SOMMER einen Satz, der zu dieser Jahreszeit passt.

Beispiel:

Es ist heute heiß.
Ich mag gern Vanilleeis.
Schlecken macht Spaß.

S ____________________

O ____________________

M ____________________

M ____________________

E ____________________

R ____________________

Schreibstation:

Satz-ABC

Schreibe das Alphabet untereinander auf. Beginne mit jedem Buchstaben einen Satz, der zum Sommer passt.

Am liebsten gehe ich zum Baden.

B ____________________

C ____________________

Schreibstation:

Cluster

Schreibe Wörter auf, die zum Sommer passen. Kreise sie ein und verbinde sie mit Strichen zu einer Kette. Beginne neue Ketten ausgehend vom Wort „Sommer“.

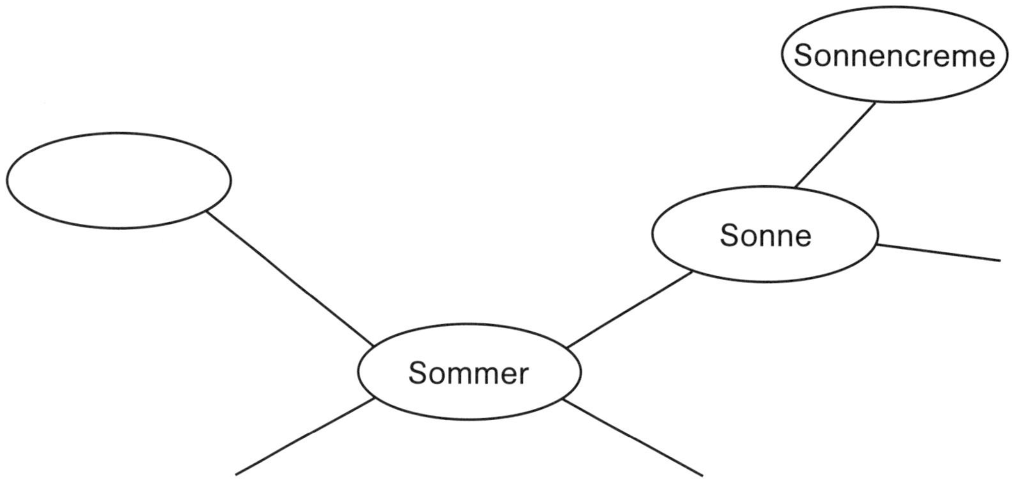

Schreibstation:

Satzballon

Erweitere folgende Satzanfänge um weitere Satzteile.

Im Sommer …
Der Sommer …
Die Sonne …

Beispiel:

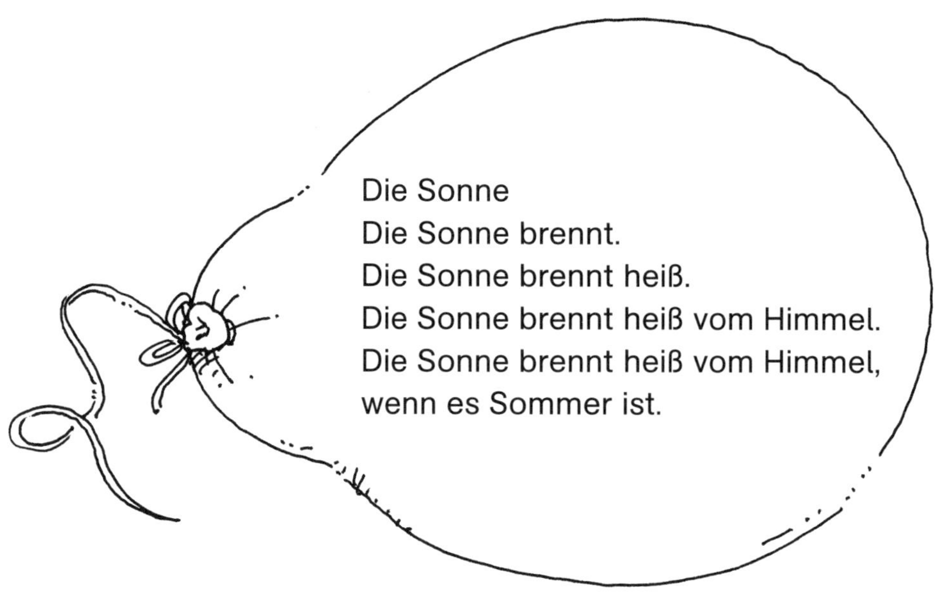

Schreibstation:

Wiederholungssätze

Führe folgenden Satzbeginn unterschiedlich fort:

Im Sommer spiele ich draußen.

Im Sommer ______________________________

Im Sommer ______________________________

Im Sommer ______________________________

Schreibstation:

Sommer-Elfchen

Bilde ein Sommer-Elfchen aus 11 Wörtern. Halte dich genau an die Vorgaben.

1. Zeile = 1 Wort *ein Wiewort (Adjektiv), das zum Sommer passt*
2. Zeile = 2 Wörter *ein Namenwort (Nomen), das so ist wie das Wort aus Zeile 1*
3. Zeile = 3 Wörter *Wo ist oder was tut das Wort aus Zeile 2?*
4. Zeile = 4 Wörter *Was meinst du? Was folgt daraus?*
5. Zeile = 1 Wort *Was kommt dabei heraus?*

Beispiel:
kühl
das Schwimmbad
es erfrischt mich
ich fahre oft hin
platsch

○ **Schreibstation:**

Gerüstgeschichte

Erfinde eine eigene „Sommergeschichte“, indem du die oberen oder unteren Satzanfänge fortschreibst. Du kannst auch ganze Sätze ergänzen.

Es war ein schöner ______________________________

Ich ging ______________________________

Auf einmal ______________________________

Zum Glück ______________________________

Erleichtert ______________________________

An einem heißen ______________________________

Da kam ______________________________

Ich war ______________________________

Überrascht ______________________________

Am Ende ______________________________

○ **Schreibstation:**

Weitergeben

Jedes Kind in der Gruppe hat ein Blatt vor sich liegen.

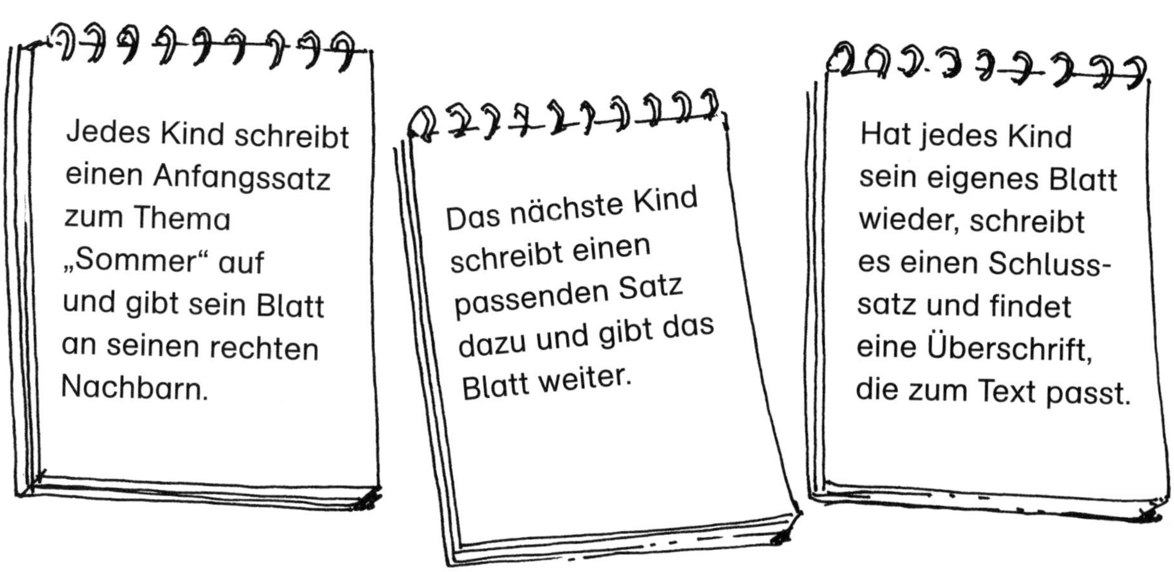

Schreibstation:

Bildwörter

Versuche die folgenden Wörter als Bildwörter darzustellen.

Beispiel: SONNE

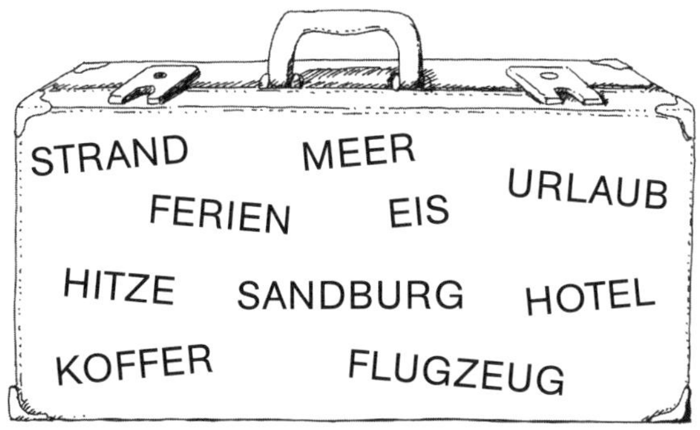

Fallen dir andere Sommerwörter ein, die du als Bildwörter gestalten kannst?

____

____

Schreibstation:

Bildsätze

Denke dir Sätze zum Thema „Sommer“ aus. Versuche sie mit Bildwörtern darzustellen.

Beispiel:

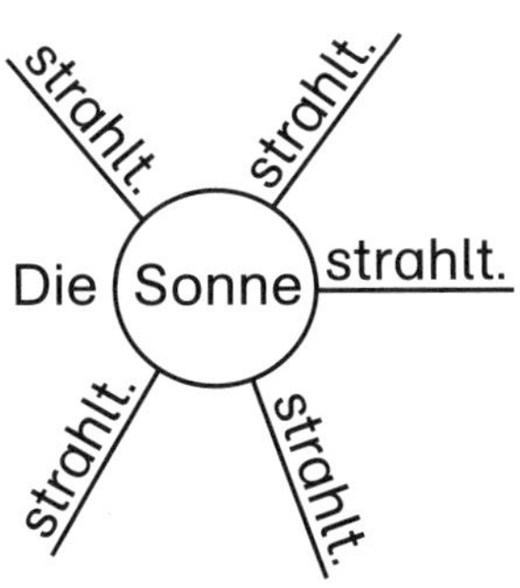

Schreibe ein kurzes Sommergedicht und gestalte es mit Bildwörtern.

Beispiel:

Die SONNE ist heiß. ______________________________

Ich brauche ein EIs. ______________________________

Sommer

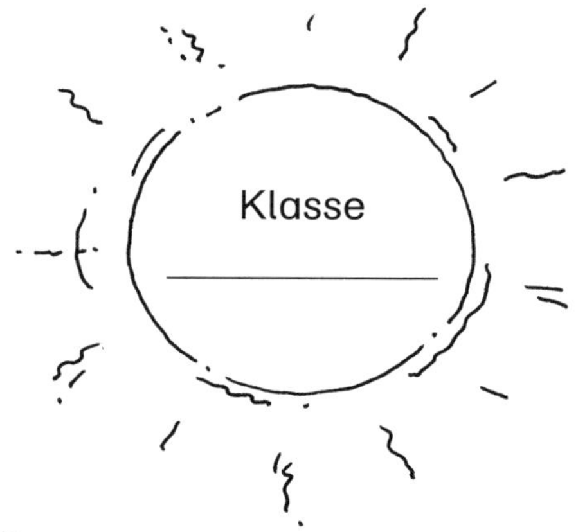

Name:

Meine Sommergeschichte

Finde in deiner Sommergeschichte fünf Namenwörter (Nomen), fünf Tunwörter (Verben) und fünf Wiewörter (Adjektive). Ordne sie den richtigen Spalten zu.

Namenwörter (Nomen)	Tunwörter (Verben)	Wiewörter (Adjektive)

Die Sonne verrät dir, wie viele Wörter in dem Buchstabengitter versteckt sind. Male die gefundenen Wörter farbig an und schreibe sie auf.

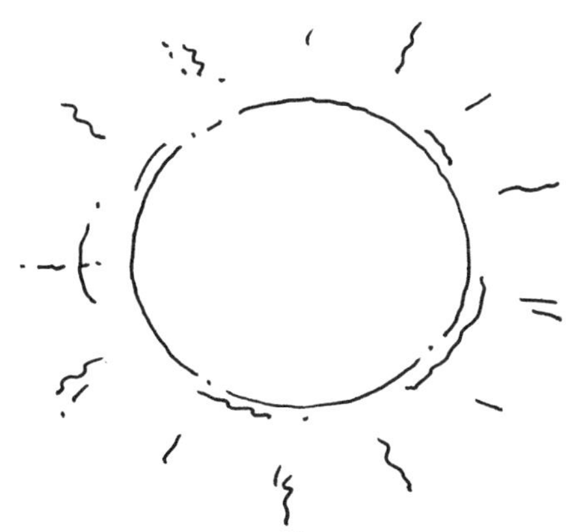

Name:

Sommerrätsel

17 Sommerwörter sind in dem Buchstabengitter versteckt. Male die gefundenen Wörter farbig an und schreibe sie auf. Du musst waagerecht, senkrecht und diagonal suchen.

O	Z	S	C	H	W	I	M	M	E	N	C	P	E
F	R	E	H	M	I	T	T	A	G	B	F	G	R
G	U	E	I	Z	T	U	V	H	B	R	O	S	S
B	G	Q	T	S	W	Z	I	J	T	I	P	O	Q
R	N	R	Z	O	X	Y	K	L	U	L	O	M	T
E	I	R	E	N	N	E	N	M	N	L	V	M	W
N	S	O	P	N	D	R	A	U	ß	E	N	E	X
N	Z	F	R	E	I	A	T	E	F	K	Y	R	H
E	Y	N	D	B	G	L	U	E	C	K	Z	L	I
N	A	B	C	I	D	U	R	S	T	G	J	M	Z
J	K	S	C	H	W	I	T	Z	E	N	X	A	Y
L	M	N	Q	S	R	U	T	V	P	O	W	I	V

Ergänze die fehlenden Wortarten einer Wortfamilie.

Namenwort (Nomen)	Tunwort (Verb)	Wiewort (Adjektiv)
der Brand		
		sonnig
	verdursten	
das Glück		
	heizen	
		frei

2. Kapitel: Auf Reisen

Vorbemerkung

Gegen Ende des Schuljahres wächst bei den Kindern die Vorfreude auf die Sommerferien. Viele Kinder werden mit ihren Familien eine Reise ins europäische Ausland unternehmen. Das vorliegende Material knüpft an das Vorwissen der Kinder über die einzelnen Reiseländer an und macht neugierig, mehr über Land und Leute zu erfahren. Der Gedanke eines vereinigten und friedlichen Europas soll den Kindern nahegebracht werden.

Lehrplanbezug

Deutsch

- Lesetechniken weiterentwickeln
- Sinnverstehendes Lesen weiterentwickeln
- Mit unterschiedlichen Textsorten umgehen
- Für sich und andere schreiben
- Freie Texte schreiben
- In kreativitätsanregenden Situationen schreiben
- Richtig schreiben

Fremdsprachen

- Lebensweise von Menschen mit anderer Sprache und Kultur kennenlernen
- Interesse und Freude an der Beschäftigung mit einer fremden Sprache und Kultur gewinnen
- Englischen Wortschatz „Obstsorten" und englische Monatsnamen kennenlernen

Sachunterricht

- Wir in der Welt – die Welt bei uns: Lebensweisen anderer Länder und Kulturen kennenlernen

Zu den Kopiervorlagen

KV Seite 31

Fantasiereise

Die Fantasiereise bereitet die Kinder auf die Thematik „Urlaub" vor. Eine fremdartig klingende, aber doch beruhigende Musik im Hintergrund ist hier passend.

Legen Sie beim Vorlesen deutliche Pausen ein. Lassen Sie den Kindern nach jeder Frage genügend Zeit, sich etwas vorzustellen und in die Geschichte einzutauchen.

KV Seite 32–36

Auf Lesereise

Bei der Lesereise handelt es sich um eine themenbezogene Lernwerkstatt, die eine gemeinsame Auswertung ermöglicht. Die Arbeitsaufträge werden an Stationen angeboten. Im Bedarfsfall können die Kinder sich gegenseitig helfen. Das erleichtert ihnen den Überblick.

Stimmen Sie die Schüler mit Dias oder Fotos der verschiedenen Länder oder mit landestypischer Musik auf die Lesereise ein. Auf einer Landkarte suchen die Kinder die Länder, die bereist werden sollen. Lassen Sie Ihre Klasse von bereits zurückliegenden Reisen erzählen.

Anschließend machen die Kinder einen Rundgang durch die fünf Lesestationen, die im Klassenzimmer aufgebaut sind. Die Arbeitsaufträge werden dabei erklärt und besprochen. An jeder Station befinden sich zwei Ablagen. Aus einer werden die Arbeitsblätter entnommen, in die andere nach der Bearbeitung abgelegt.

Reisepass

Verteilen Sie vor der Lesereise „Reisepässe" (siehe Seite 26). Individuell nach dem Leistungsniveau der einzelnen Kinder kennzeichnen Sie im Pass, welche Stationen das Kind bearbeiten soll. Für Kinder, die langsamer lesen, können einzelne Stationen noch weiter eingeschränkt bzw. ganz weggelassen werden. Der Reisepass erfüllt den Zweck eines Laufzettels. Haben die Schüler die Aufgaben einer Station erledigt, erhalten sie von Ihnen einen Stempel in ihre Reisepässe.

Ihre Aufgabe bei dieser Form des Arbeitens ist es, den Kindern beim Erledigen der Aufträge zu helfen und den Ablauf der Lesereise zu ordnen und zu kontrollieren. Für eine sinnvolle Durchführung sind mehrere Unterrichtseinheiten nötig. Planen Sie zwischen den Stationen unbedingt Entspannungspausen ein. Legen sie zu diesem Zweck entsprechende Bildbände, Reiseführer oder ähnliches Zusatzmaterial aus.

Zum Abschluss besprechen Sie mit der Klasse die Ergebnisse und tauschen Erfahrungen aus. Daraus ergeben sich Anknüpfungsmöglichkeiten für weitere Unterrichtsvorhaben.

Reisepass

Name: ______________________________

Länder, die ich bereist habe:

☐ Italien

☐ Österreich

☐ Griechenland

☐ Frankreich

☐ Marokko

Italien

Die Kinder lesen den Text und entschlüsseln dabei die „Geheimschrift“. Die anschließende Übung fördert die Lesegenauigkeit und Konzentration.

Lösung

Aufgabe 1:

URLAUB in ITALIEN

Endlich FERIEN! Gleich nach der Schule fahre ich mit meiner FAMILIE in den Sommerurlaub. Das AUTO ist voll gepackt. VATER sitzt am Steuer, MUTTER liest die Landkarte und meine SCHWESTER und ich sitzen auf der Rückbank.

Am ersten Tag fahren wir über den BRENNER und übernachten in einem kleinen HOTEL an der Grenze zu ITALIEN.

Gleich nachdem die SONNE aufgeht, fahren wir weiter. Bald kann ich das MEER riechen. Groß und blau liegt es vor uns. Im HOTEL packen wir rasch unsere KOFFER aus und gehen an den STRAND. Meine SCHWESTER traut sich zuerst nicht ins WASSER, aber ich stürze mich sofort in die WELLEN. Ich schlucke WASSER und merke überrascht, dass es nach SALZ schmeckt.

Bald lerne ich andere KINDER in meinem Alter kennen. Wir treffen uns jeden Tag. Am liebsten laufen wir um die Wette oder bauen eine SANDBURG. Zusammen haben wir eine Menge SPAß.

Abends gehe ich mit meinen ELTERN und meiner SCHWESTER oft PIZZA oder SPAGHETTI essen. Danach schlecken wir meistens noch ein großes EIS.

Viel zu schnell vergeht die schöne Zeit. Hoffentlich fahren wir nächstes Jahr wieder an die ADRIA!

Aufgabe 2:

Reifen, Fisch, Tirol, Eimer, Schaufel, Panne, Liegestuhl, Hechtsprung

Österreich

Die Kinder üben das schnelle und dabei genaue Erlesen ähnlicher Wörter: In allen vier Spalten sind die Namen der 25 Tiere in unterschiedlicher Reihenfolge angeordnet. Aufgabe der Kinder ist es, möglichst schnell den gleichen Tiernamen in allen vier Spalten zu finden und farbig zu markieren. Bei leistungsstarken Kindern kann ein Zeitlimit gesetzt bzw. die Anzahl der Wörter, die sie innerhalb einer festgelegten Zeit finden sollen, erhöht werden.

Frankreich
Die Kinder erhalten drei Informationstexte über Paris. Sie sollen herausfinden, welcher Text für sie leicht verständlich, aber gleichzeitig informativ ist. (Voraussichtlich wird dies der dritte Text sein.) Die zweite Aufgabe hilft ihnen, ihre Entscheidung zu begründen.

Griechenland
Die Kinder lernen eine Sage aus der griechischen Mythologie kennen. Das Rätsel der zweiten Aufgabe schult belegendes Lesen. Als Differenzierungsmöglichkeit bieten Sie schnellen Lesern an, anstelle von Europa einen Brief an ihren Vater zu schreiben. Was berichtet Europa wohl?

Lösung
Aufgabe 2:
1. AGENOR, 2. ZEUS, 3. STIER, 4. GOTT,
5. PRINZESSIN, 6. KRETA
Lösungswort: EUROPA

Marokko
Die Kinder lesen die Wüstengeschichte und lassen sie auf sich wirken. Anschließend setzen sie die Geschichte nach individuellen Ideen fort und überlegen sich einen Schluss. Sie können dafür einen der Vorschläge von der Kopiervorlage aufgreifen. Ihre Texte stellen sich die Kinder in Partnerarbeit vor. Beim Lesen mit Stoppuhr sollen sie gegenseitig auf Lesegenauigkeit und gute Verständlichkeit achten.

KV Seite 37/38

Kennst du die Hauptstädte?
Bei diesem Legespiel lernen die Kinder spielerisch die Länder der europäischen Gemeinschaft und deren Hauptstädte kennen. Zuerst malen die Kinder die Flaggen in den richtigen Farben an, um die Zusammengehörigkeit von Land und Hauptstadt schneller erkennen zu können. Eine Flaggenkarte, ein Atlas oder das Internet können dabei zu Hilfe genommen werden.

Das Spiel funktioniert wie Memory. Alle Karten werden gemischt und verdeckt verteilt. Durch Aufdecken von zwei Karten sollen die Länder mit ihren entsprechenden Hauptstädten gefunden werden. Sieger ist, wer die meisten Paare aufdeckt.

Das Spiel kann zu zweit oder zu mehreren gespielt werden, eignet sich aber auch als Einzelarbeit, bei der sich die Kinder die Hauptstädte durch das Zuordnen einprägen.

KV Seite 39–41

Sehenswürdigkeiten in Europa
Die Kurzbeschreibungen berühmter europäischer Sehenswürdigkeiten können im Unterricht in unterschiedlicher Form eingesetzt werden:

- als Lesetexte: Die Klasse informiert sich gemeinsam und sucht im Anschluss Bilder und weitere Informationen.
- für die Gruppenarbeit: In Gruppen wird über einen bestimmten Zeitraum Material zu den einzelnen Städten bzw. Ländern gesammelt und dann dem Rest der Klasse vorgestellt.
- für Referate: Die Kinder wählen ein Bauwerk aus und finden weitere Informationen dazu, die sie der Klasse in Form eines kurzen Vortrags präsentieren.

KV Seite 42/43

Reise durch Europa
Spielen Sie die „Reise durch Europa“ nach der Vorstellung der Kopiervorlagen „Sehenswürdigkeiten in Europa“ (Seite 39–41). Die Kinder malen die Spielfelder bunt aus. Anschließend kleben Sie den Spielplan auf Karton und laminieren ihn oder überziehen ihn mit Folie. Kopieren Sie die Fragekarten und schneiden Sie sie auseinander.

Das Spiel eignet sich für zwei bis vier Kinder. Jeder Mitspieler bekommt eine Spielfigur, die an den Start gestellt wird. Die Fragekarten werden verdeckt auf das Fragekartenfeld gelegt. Der Spieler, der die höchste Zahl würfelt, beginnt. Er rückt mit seiner Spielfigur die gewürfelte Anzahl an Feldern vorwärts. Landet er auf einem Feld mit Fragezeichen, zieht ein anderer Spieler für ihn eine Karte vom Stapel und stellt ihm die entsprechende Frage. Kann der Spieler, der am Zug ist, diese beantworten, darf er erneut würfeln. Ist die Antwort falsch, ist der nächste Spieler an der Reihe. Gewonnen hat der Spieler, der zuerst das Ziel erreicht.

KV Seite 44

Urlaubswörter
Zur Einführung schreiben Sie die Urlaubswörter der Kopiervorlage richtig auf Wortkarten und auf Folie. Zeigen Sie die Folie etwa 15 Sekunden. Die Kinder merken sich so viele Wörter wie möglich und notieren diese. Die Ergebnisse werden mit den Wortkarten verglichen. Dabei können Sie bereits auf Schwierigkeiten bei der Schreibung der Wörter hinweisen.

Alternativ stellen Sie oder verschiedene Kinder einzelne Wörter pantomimisch dar. Die Klasse versucht die Wörter zu erraten und schreibt sie auf. Die Korrektur erfolgt über die Wortkarten oder die Folie.

Im Anschluss daran wird das Arbeitsblatt eingesetzt. Das Entziffern der Urlaubswörter in Geheimschrift schult die Wahrnehmung der Kinder. Danach erfolgt eine Wiederholung der Wortarten.

Vor Bearbeitung der Aufgaben 2 und 3 können Sie das Stationentraining (Seite 45–52) einsetzen, um den Wortschatz für das freie Schreiben zu üben.

Lösung
Aufgabe 1:
Nomen: der Urlaub, der Koffer, das Flugzeug, (das) Europa, die Ferien, der Strand, das Handy, das Ziel, der Pass, das Land, das Erlebnis, das Taxi, das Hotel, die Information, die Bahn, die Freiheit
Verb: impfen, klettern, fahren
Adjektiv: frei, deutsch

KV Seite 45–52

Rechtschreibstationen

Mit dem Stationentraining können die Kinder die Rechtschreibung in abwechslungsreicher Form üben. Die vorliegenden Stationen sind thematisch den „Urlaubswörtern“ angepasst, können aber selbstverständlich auch in anderem Zusammenhang eingesetzt werden.

Die Stationen „Angeln“, „Skateboard fahren“, „Im Sand“ und „Tauchen“ sollten je nach Klassensituation nach und nach eingeführt werden. Sie können diese Stationen jeweils mit ruhigeren kombinieren. Führen Sie Regeln ein, die einen geordneten Ablauf erleichtern.

Regeln für das Stationentraining
1. Ich verhalte mich ruhig und bewege mich leise im Klassenzimmer.
2. Ich schreibe sauber und ordentlich.
3. Ich schreibe die Nummer jeder Station zu meinen Ergebnissen.
4. Bin ich mit einer Station fertig, kontrolliere ich meine Ergebnisse selbstständig.
5. Ist eine Station belegt, suche ich mir eine andere Station.

Kleben Sie den Arbeitsauftrag auf die Vorderseite eines farbigen Tonpapiers. Auf die Rückseite kommt die Lösung, damit die Kinder ihre Ergebnisse selbstständig kontrollieren können. Stecken Sie das Blatt in eine Klarsichthülle. Die Kinder schreiben ihre Ergebnisse in ihr Heft oder auf Kopien der Arbeitsblätter, die an den Stationen ausliegen. Stellen Sie zwei Ablagen bereit, für die leeren Blätter und die Ergebnisse.

Angeln
Zwei Kinder angeln abwechselnd.

Für diese Station benötigen Sie ein Gefäß oder einen Karton und eine kleine Magnetangel, die Sie aus einem Stock, einer Schnur und einem Magneten selbst herstellen können.

Schneiden Sie den Fischumriss von unten aus und knicken Sie die Vorlage am Maul. Schreiben Sie auf die Innenseite des Fisches das Urlaubswort richtig und außen verpurzelt. Befestigen Sie eine Büroklammer am Fischmaul, sodass der Fisch geangelt werden kann. Die Fische bleiben nach jedem Stationentraining im Gefäß, sodass die Kinder auch „alte“ Fische angeln. Dadurch werden bekannte Wörter wiederholt.

Skateboard fahren
Diese Station macht den Kindern viel Spaß. Achten Sie darauf, dass die Kinder die Vereinbarungen einhalten, um einen geregelten Ablauf zu ermöglichen.

Sie benötigen ein altes Rollbrett oder einen fahrbaren Blumenkübeluntersetzer (Baumarkt). Damit sollen die Kinder eine Strecke von drei Metern (z. B. vor der Tafel) auf den Knien sitzend zurücklegen. Start und Ziel werden beispielsweise mit zwei Sitzkissen oder zwei Blättern Papier gekennzeichnet.

Wichtig ist, dass die Kinder immer zuerst ihr Heft und den Stift ans Ziel legen, damit sie zum Rollen die Hände frei haben. Der Arbeitsauftrag liegt am Start.

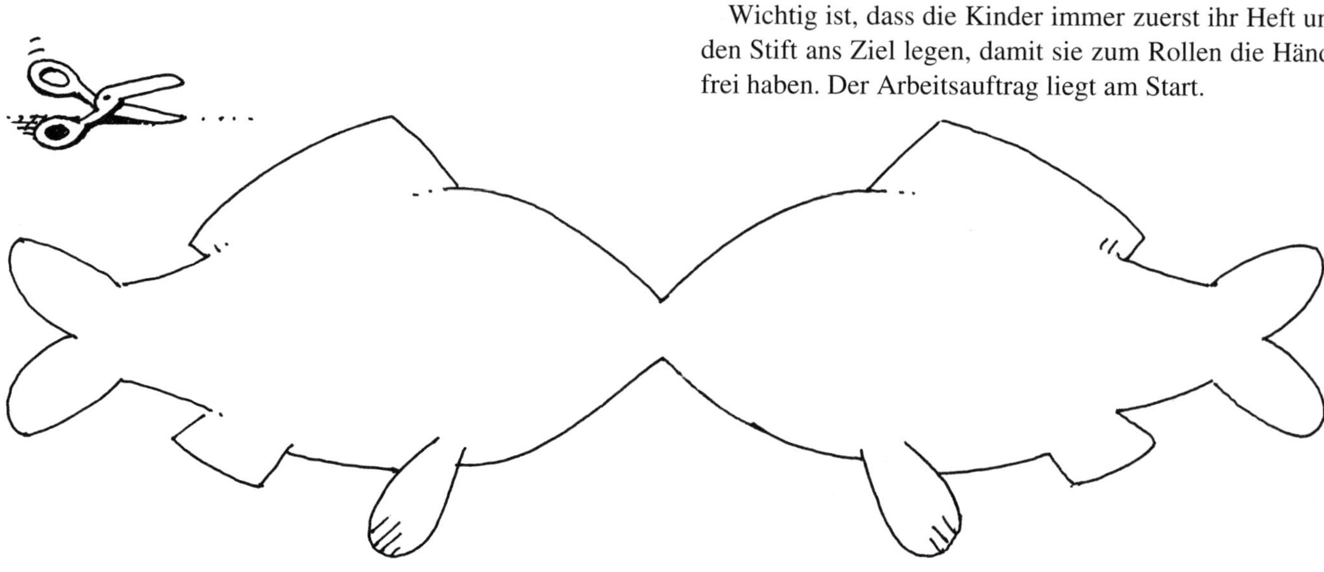

Im Sand
Befüllen Sie ein Tablett mit hohem Rand oder eine große Schüssel mit Sand, in den die Kinder schreiben können.

Tauchen
Für diese Station legen Sie eine Wasserschüssel und eine Taucherbrille bereit. Schreiben Sie die Lernwörter (Handy, Bahn, Pass, Information, Ziel, Taxi, Urlaub) mit wasserfestem Stift auf Folie und beschweren Sie diese mit Steinen am Boden der Schüssel. Es empfiehlt sich, eine Taucherbrille zu verwenden, deren Glas weit nach vorn steht, damit die Kinder beim Erlesen der Wörter im Gesicht nicht zu nass werden. Legen Sie neben die Station ein Handtuch. Üben Sie den Ablauf vorher ein.

Die Stationen auf den Seiten 47 – 52 können Sie beliebig erweitern und verändern, je nachdem, welchen Schwerpunkt Sie gerade im Unterricht setzen. Wichtig ist, dass Sie ausreichend Stationen vorbereiten, um Staus beim Bearbeiten zu verhindern.

KV Seite 53/54

Koffergeschichten
Jedes Kind bringt von zu Hause ein Andenken an einen Sommerurlaub mit. Sammeln Sie die Gegenstände der Kinder z. B. in einem kleinen Reisekoffer. Sie können den Inhalt des Koffers immer wieder ergänzen und aktualisieren (z. B. Muscheln, Tütchen mit Sand, landestypische Figuren, Postkarten, getrocknete Pflanzen).

Nach ausgiebiger Betrachtung suchen sich die Kinder einen Gegenstand aus und überlegen sich eine Geschichte dazu. Nach der Schreibphase möchten die meisten Kinder ihre Texte auch vorstellen. Die Ergebnisse werden deshalb zuerst mündlich vorgetragen und gewürdigt. Danach werden die Texte in Form einer Schreibkonferenz mit zwei oder mehr Kindern korrigiert. Inwiefern sie dies bereits selbstständig durchführen können, hängt vom sprachlichen und sozialen Potenzial der Klasse ab. Kontrollkarten, wie im 1. Kapitel (Seite 10) vorgestellt, erleichtern den Kindern das Beurteilen der Texte. Korrigieren Sie gemeinsam die Rechtschreibung.

Anschließend schreiben die Kinder die überarbeiteten Texte auf der Kopiervorlage ins Reine. Binden Sie die Geschichten Ihrer Klasse zu einem Büchlein. Verstärken Sie das Deckblatt mit Tonpapier und überziehen Sie es mit Folie. Sie können die Koffergeschichten auch in einem Karton aufbewahren, auf dessen Deckel Sie das Deckblatt kleben. So können Sie jederzeit Geschichten dazulegen.

KV Seite 55

Let's talk English
Nutzen Sie das Thema „Auf Reisen", um den Kindern Sprachen anderer Länder vorzustellen. Eine einfache Möglichkeit der Sprachbegegnung bietet die Erarbeitung des englischen Wortschatzes „Obst".

Hinführung
- Präsentieren Sie im Sitzkreis einen Obstkorb mit Früchten der Saison und führen Sie den Wortschatz ein: *Look here, this is an apple.*
- Die Kinder sprechen nach *(all together, only the boys, only the girls, like an old lady, like a baby ...)*. Sie können bereits auf die Mehrzahlform der Wörter hinweisen.
- Anschließend benennen die Kinder die Früchte *(I can see ...)* oder fragen sich gegenseitig: *Hey John, what's this? – It's a banana.*
- Zur weiteren Sicherung stellen Sie jetzt *true-or-false-questions. Make a cross! Listen! Is it true or false? This is an apple!* Sie zeigen den Kindern z. B. eine Zitrone. Die Schüler setzen die entsprechenden Kreuzchen.
- Anschließend besprechen Sie die Lösung gemeinsam: *This is false. It is a lemon.*

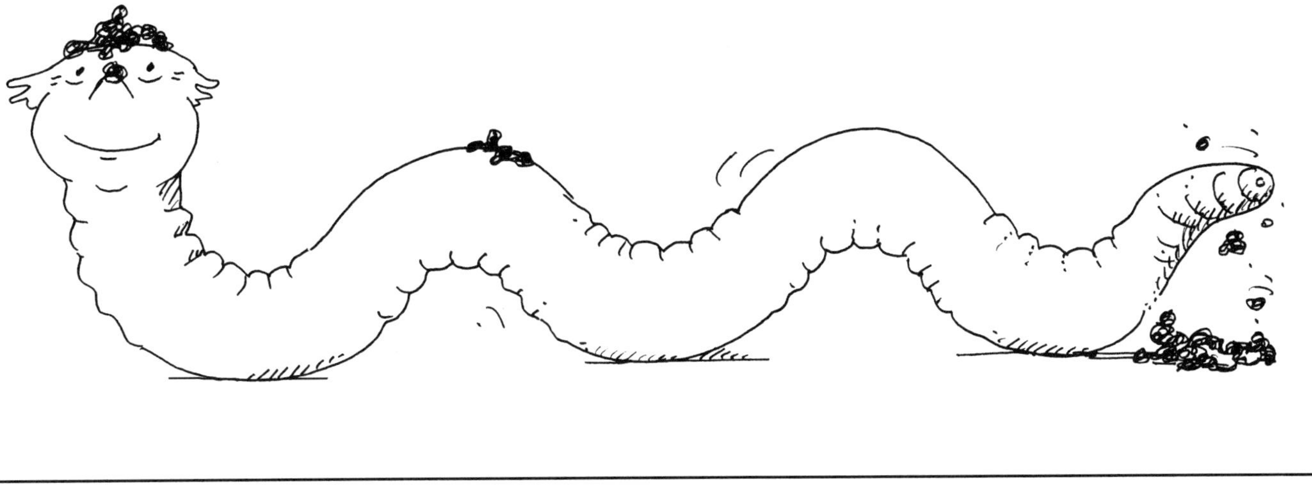

Fruit bingo

- Die Kinder schneiden die Bilder aus. Leistungsschwächere Kinder dürfen die Wortkärtchen unter die Bilder kleben.
- Die Kinder verteilen ihre Bildkärtchen beliebig auf den *fruit-bingo*-Feldern.
- Dann nennen Sie die Namen der Früchte in willkürlicher Reihenfolge. Zur besseren Überprüfbarkeit sollten Sie sich vorher eine Reihenfolge notieren.
- Die Kinder drehen die Früchte um, die vorgelesen werden.
- Wer als Erster drei Früchte waagerecht, senkrecht oder diagonal umgedreht hat, ruft *Bingo! (The winner gets a gummy bear!)*
- Das Spiel kann in einem Briefumschlag im Heft aufbewahrt werden.

Abzählreim Monate

- Sprechen Sie im Sitzkreis den Auszählreim *Apples, peaches, pears and plums, tell me when your birthday comes.*
- Das Kind, das auf das Wort *comes* ausgezählt wird, nennt seinen Geburtsmonat. (Besprechen Sie die Monate in einer vorherigen Unterrichtseinheit.) Es sagt beispielsweise: *My birthday is in May.*
- Daraufhin wird abgezählt: *January, February, March, April, May.* Das Kind, auf das Sie bei *May* zeigen, scheidet aus und setzt sich etwas nach hinten.
- Beim nächsten Kind beginnen Sie von vorn: *Apples, peaches, ...*
- In der nächsten Runde können die Kinder schon im Chor mitsprechen und bis der Sieger ermittelt ist *(The winner gets a gummy bear!)*, sind auch die Monatsnamen gesichert.

Fantasiereise

Setze dich bequem auf deinen Stuhl. Entspanne dich. Atme ruhig ein und aus. Verschränke die Arme auf dem Tisch und lege deinen Kopf darauf. Wenn du möchtest, schließe die Augen. Höre auf die Musik und das, was ich dir erzähle.

Du sitzt im weichen Sessel eines kleinen Flugzeugs. Das Wetter ist schön und die Maschine gleitet ruhig dahin. Das sanfte Brummen der Motoren macht dich ganz schläfrig.

Entspannt schaust du aus dem Fenster. Im blauen Meer entdeckst du die Umrisse einer kleinen Insel. Das Flugzeug verliert bereits an Höhe und du erkennst zuerst Berge und dann sogar kleine weiße Häuser. Mit einem Ruck setzt der Flieger auf.

Die Tür wird geöffnet und die warme Luft umarmt dich wie eine Decke. Benommen steigst du die Stufen zum Rollfeld hinunter. Es riecht ganz anders als zu Hause. Du hörst die Menschen um dich herum in einer fremden Sprache sprechen. Rasch holst du deine Koffer und steigst in den Bus, der schon auf dich wartet. Er bringt dich in dein Feriendorf.

Auf der Fahrt entdeckst du Tiere. Welche Tiere könnten dies sein?

Du siehst Menschen, die ihre Waren zum Markt bringen. Wie sehen diese Menschen wohl aus?

Was tragen sie bei sich? Kannst du es sehen?

Der Bus hält und du gehst zum Hotel. Ein köstlicher Geruch nach Essen strömt dir entgegen. Fremde Köstlichkeiten sind auf einem Tisch aufgebaut. Stell dir alles genau vor!

Ist etwas dabei, das dir schmecken könnte?

Du genießt das Essen und merkst, wie deine Lebensgeister erwachen.
Es wird Zeit, die Insel zu erforschen.

Du reckst und streckst deine Arme. Du reibst deine Handflächen aneinander und atmest tief durch. Jetzt bist du hellwach und voller Tatendrang.

Name:

Auf Lesereise – Italien

Lies die Geschichte gut durch.
Kannst du die Geheimschrift entziffern?

BUALRU in NEILATI

Endlich NEIREF! Gleich nach der Schule fahre ich mit meiner EILIMAF in den Sommerurlaub. Das OTUA ist voll gepackt. RETAV sitzt am Steuer, RETTUM liest die Landkarte und meine RETSEWHCS und ich sitzen auf der Rückbank.
Am ersten Tag fahren wir über den RENNERB und übernachten in einem kleinen LETOH an der Grenze zu NEILATI.
Gleich nachdem die ENNOS aufgeht, fahren wir weiter. Bald kann ich das REEM riechen. Groß und blau liegt es vor uns. Im LETOH packen wir rasch unsere REFFOK aus und gehen an den DNARTS. Meine RETSEWHCS traut sich zuerst nicht ins RESSAW, aber ich stürze mich sofort in die NELLEW. Ich schlucke RESSAW und merke überrascht, dass es nach ZLAS schmeckt.
Bald lerne ich andere REDNIK in meinem Alter kennen. Wir treffen uns jeden Tag. Am liebsten laufen wir um die Wette oder bauen eine GRUBDNAS. Zusammen haben wir eine Menge ßAPS.
Abends gehe ich mit meinen NRETLE und meiner RETSEWHCS oft AZZIP oder ITTEHGAPS essen. Danach schlecken wir meistens noch ein großes SIE.
Viel zu schnell vergeht die schöne Zeit. Hoffentlich fahren wir nächstes Jahr wieder an die AIRDA!

Acht der folgenden Wörter kommen in der Geschichte nicht vor.
Kreise sie ein.

Auto Adria Mutter Urlaub Sandburg Hechtsprung
Reifen Panne
Vater Tirol Schwester
Spaß Meer Pizza Eis
Sonne Spaghetti
Fisch Eltern Kinder Italien
Strand Eimer
Wasser Hotel
Wellen Brenner Schaufel Liegestuhl

Name:

Auf Lesereise – Österreich

Du gehst in den Österreichischen Alpen wandern.
Ein Förster erzählt dir von den verschiedenen Tieren,
die im Gebirge leben. Je nach Jahreszeit wechseln sie ihr Revier,
um Nahrung und Brutplätze zu finden. Auf einer Liste hat der Förster notiert,
wie die Tiere gewandert sind.

In jeder der vier Spalten stehen die Namen aller Tiere. Verfolge den Weg von __________ Tieren. Markiere sie jeweils in der gleichen Farbe.

Du hast __________ Minuten Zeit.

Revier A	**Revier B**	**Revier C**	**Revier D**
Schneehase	Alpenbock	Wolfsspinne	Distelfalter
Schneehuhn	Alpendohle	Steinbock	Braunbär
Bergziege	Alpenfledermaus	Steinadler	Bergziege
Braunbär	Alpenmolch	Schneehuhn	Bergmolch
Murmeltier	Alpensalamander	Schneehase	Bergeidechse
Steinbock	Aspisviper	Rothirsch	Auerhuhn
Steinadler	Auerhuhn	Rotfuchs	Aspisviper
Ringdrossel	Bergeidechse	Ringdrossel	Wolfsspinne
Alpendohle	Bergmolch	Murmeltier	Steinbock
Alpenfledermaus	Bergziege	Hermelin	Steinadler
Auerhuhn	Braunbär	Hainlaufkäfer	Alpensalamander
Wolfsspinne	Distelfalter	Goldaugenbremse	Alpenmolch
Distelfalter	Gemse	Gemse	Alpenfledermaus
Hainlaufkäfer	Goldaugenbremse	Distelfalter	Alpendohle
Alpenbock	Hainlaufkäfer	Braunbär	Alpenbock
Goldaugenbremse	Hermelin	Bergziege	Schneehuhn
Aspisviper	Murmeltier	Bergmolch	Schneehase
Alpensalamander	Ringdrossel	Bergeidechse	Rothirsch
Alpenmolch	Rotfuchs	Auerhuhn	Rotfuchs
Bergmolch	Rothirsch	Aspisviper	Ringdrossel
Bergeidechse	Schneehuhn	Alpensalamander	Murmeltier
Rothirsch	Steinadler	Alpenmolch	Hermelin
Hermelin	Steinbock	Alpenfledermaus	Hainlaufkäfer
Gemse	Wolfsspinne	Alpendohle	Goldaugenbremse
Rotfuchs	Schneehase	Alpenbock	Gemse

Name:

Auf Lesereise – Frankreich

Folgende Texte bieten Informationen über Paris, die Hauptstadt von Frankreich.

Welcher von ihnen informiert dich am besten über die Stadt? Male diesen Text gelb an.

Der Eiffelturm, das architektonische Meisterwerk des französischen Ingenieurs Gustave Eiffel, das er anlässlich der Weltausstellung im Jahre 1889 konzipierte, bestimmt die imposante Silhouette der französischen Hauptstadt Paris. Einen frühen Höhepunkt der gotischen Baukunst stellt die Kathedrale *Notre Dame de Paris* dar, die über eine fünfschiffige Basilika mit doppeltem Chorumgang verfügt. Im berühmten *Louvre* erwartet den Besucher unter anderem eine kaum überschaubare Vielfalt an Werken alter Meister, zahllosen Skulpturen unterschiedlichster Herkunft und impressionistischen Motiven.

Durch Paris fließt die *Seine*. Man kann mit einer Fähre darauf fahren. Es gibt viele Brücken in der Stadt. Die *Notre Dame* ist sehr bekannt. Es gibt eine bekannte Geschichte über den Glöckner von *Notre Dame*. Der *Louvre* ist sehr groß. Es gibt dort viele Bilder zu sehen. Den Triumphbogen sollte man sich unbedingt anschauen.

Paris ist die Hauptstadt von Frankreich. Ihr Wahrzeichen ist der Eiffelturm, der zur Weltausstellung 1889 gebaut wurde. Ein Fluss, die *Seine*, fließt durch die Stadt. 31 Brücken im Stadtgebiet führen über sie. Die berühmteste Kathedrale heißt *Notre Dame*. Ihren Baustil nennt man gotisch. Beide Türme sind jeweils 69 Meter hoch. Im *Louvre*, einem weltbekannten Museum, hängt das Bild der *Mona Lisa* von Leonardo da Vinci. Jeder kennt ihr geheimnisvolles Lächeln. Vom *Louvre* ist es nicht weit bis zum Triumphbogen. Dort endet jedes Jahr das größte Radrennen der Welt, die *Tour de France*.

Welche Merkmale muss ein Informationstext haben, damit du ihn gut verstehst? Kreise passende Stichpunkte ein.

lange Sätze

kurze Sätze

komplizierte Formulierungen

leicht verständlich

viele Fremdwörter

einprägsam

Name:

Auf Lesereise – Griechenland

Die griechische Mythologie überliefert folgende Geschichte.

Vor etwa 3000 Jahren lebte in Phönizien (in Asien, dort, wo heute die syrische Mittelmeerküste ist) der König Agenor. Er hatte eine wunderschöne Tochter, die Europa hieß.
Auch Zeus, der Göttervater, hatte von Europa gehört und verliebte sich über beide Ohren in sie. Um sie kennenzulernen, verwandelte er sich in einen schönen Stier.
Als die Prinzessin am Strand Blumen pflückte, tauchte er aus den Wellen auf und lief auf Europa zu. Die Prinzessin erblickte ihn und rief entzückt: „Du prachtvolles Tier! Wie schön du bist!“ Ohne Angst stieg sie auf den Rücken des Tieres.
Zeus schwamm mit ihr fort auf die Insel Kreta. Er erzählte Europa auf der Reise, dass er sich unsterblich in sie verliebt habe und dass er kein echter Stier sei.
Auf Kreta angekommen, nahm Zeus Menschengestalt an und sprach: „Ich bin der König dieses Landes. Der Erdteil, der dich aufgenommen hat, geliebte Europa, soll für immer deinen Namen tragen: Europa!“

Lies die Geschichte und löse das Rätsel. Wie lautet das Lösungswort?

1. Wie heißt Europas Vater?

2. Wer verliebt sich in Europa?

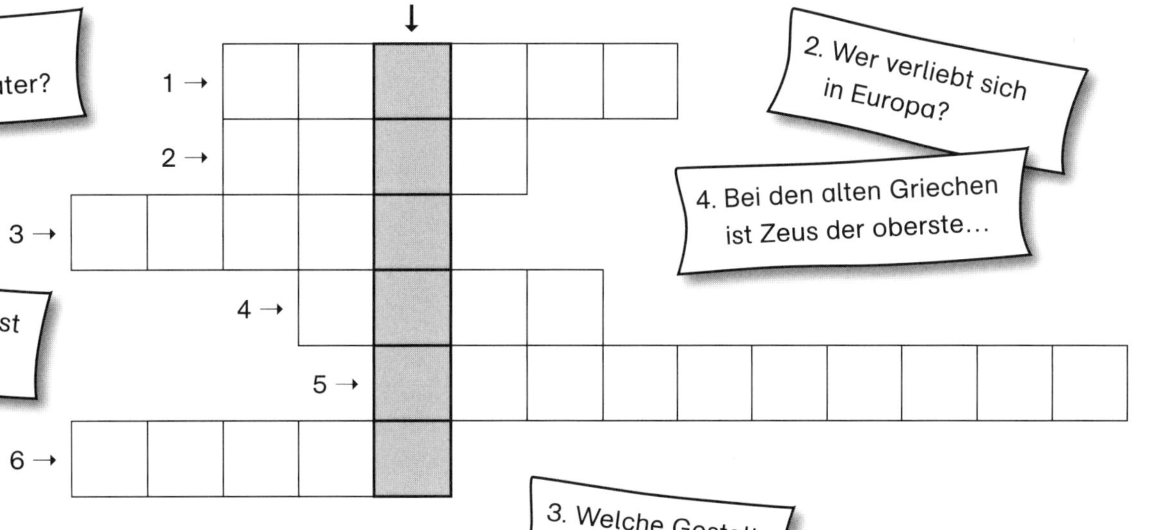

4. Bei den alten Griechen ist Zeus der oberste…

5. Europa ist eine …

3. Welche Gestalt nimmt Zeus an?

6. Wohin bringt Zeus Europa?

Lösungswort:

Name:

Auf Lesereise – Marokko

Lies die folgende Wüstengeschichte. Wie könnte die Geschichte enden? Ergänze.

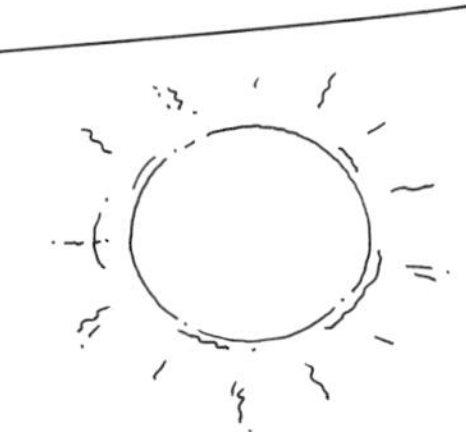

In der Wüste

Sand,
überall Sand.

Sand,
der unter
deinen Füßen brennt.

Sand,
der in die Kehle dringt.

Durst,
quälender Durst.

Durst,
den du nicht
stillen kannst.

Durst,
der dich nicht sprechen
lässt.

Sonne,
sengende Sonne.

Sonne,
die deine Haut
verbrennt.

Sonne,
die dich schwindlig
macht.

Beinahe bist du mit deiner Kraft am Ende.

Doch auf einmal entdeckst du am Horizont ______________________________

____

Plötzlich hast du eine Idee. ______________________________

____

Da naht die Rettung. ______________________________

____

Lies die vollständige Geschichte so schnell du kannst deinem Nachbarn vor. Stoppt gegenseitig die Zeit, die ihr dafür braucht, mit der Stoppuhr.

Kennst du die Hauptstädte?

✂

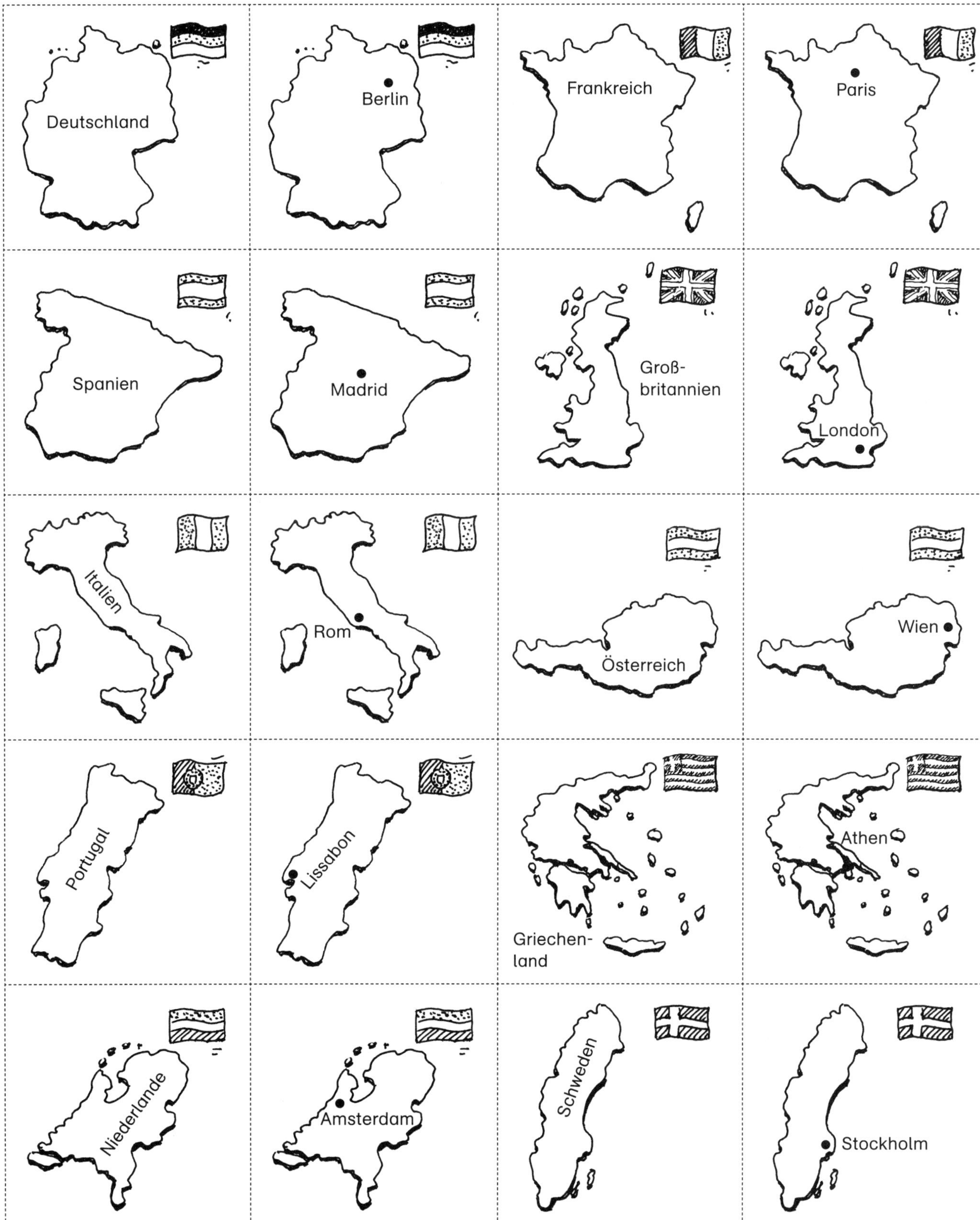

Kennst du die Hauptstädte?

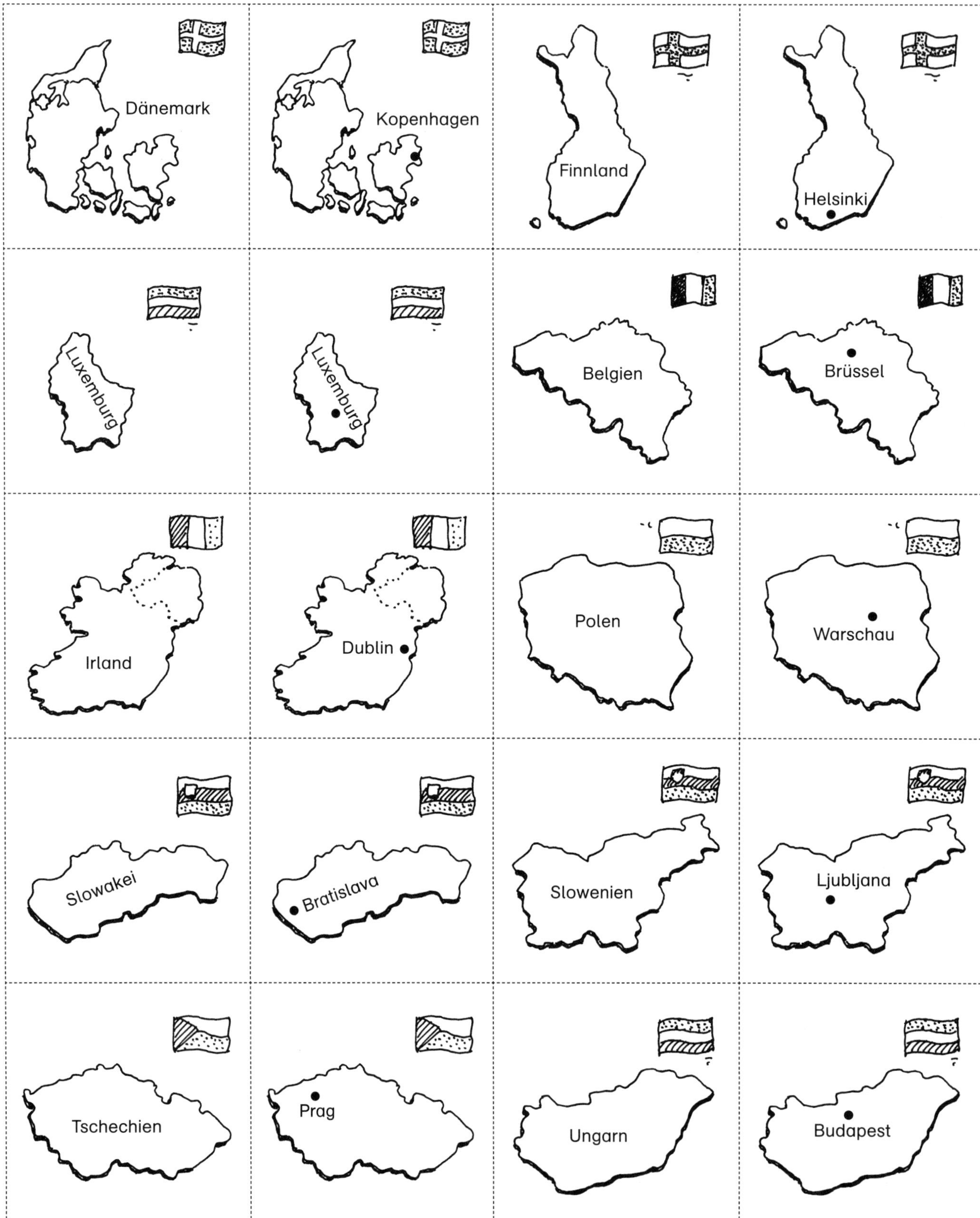

Deutschland:
Das Brandenburger Tor in Berlin

Als 1791 das Brandenburger Tor in Berlin erbaut wurde, war es eines von 14 Stadttoren. Auf dem Bauwerk steht die Siegesgöttin Viktoria, die ein Gespann mit vier Pferden (eine Quadriga) steuert.

Im Zweiten Weltkrieg wurde das Brandenburger Tor stark beschädigt. Nach dem Krieg 1945 wurde Deutschland geteilt. Es gab eine bewachte Grenze zwischen beiden Teilen des Landes. Innerhalb Berlins wurde 1961 eine Mauer fertiggestellt, die die Stadt in zwei Hälften teilte. Das Brandenburger Tor stand genau an der Grenzlinie zwischen dem Ost- und dem Westteil Berlins, an der sogenannten Berliner Mauer.

Seit der Wiedervereinigung Deutschlands im Jahre 1990 ist das Brandenburger Tor wieder geöffnet. Die Berliner Mauer wurde abgerissen.

Frankreich:
Der Eiffelturm in Paris

Der Eiffelturm ist nach seinem Erbauer Gustave Eiffel benannt. Der Ingenieur ließ den Turm in nur zwei Jahren anlässlich der Pariser Weltausstellung im Jahre 1889 erbauen.

3000 Metallarbeiter fügten 18038 Einzelteile mit 2,5 Millionen Nieten zusammen.

Zunächst mochte die Bevölkerung von Paris den Turm überhaupt nicht. Die Leute fanden er sei ein Schandfleck für ihre Stadt. Mit der Zeit gewöhnten sie sich aber an den Turm und nannten ihn später „die Eiserne Dame“.

Etwa alle sieben Jahre wird der Eiffelturm mit 60 Tonnen bronzener Farbe angestrichen. Die Spitze wird am hellsten bemalt, der mittlere Teil etwas dunkler und der untere Teil am dunkelsten.

Von der obersten Plattform, die man mit dem Lift erreicht, hat man einen wunderbaren Blick über Paris.

Italien:
Das Kolosseum in Rom

Das Kolosseum ist ein Amphitheater, das im Jahre 73 – 79 n. Chr. im Auftrag von Kaiser Vespasian gebaut wurde.

Das römische Volk hatte damals großen Spaß an grausamer Unterhaltung, die es in diesem Theater geboten bekam. Auf einer Fläche, die etwa so groß wie ein Fußballfeld war, fanden z. B. Gladiatorenkämpfe und Tierhetzen statt. Berufskämpfer rangen auf Leben und Tod miteinander oder wilde Tiere wurden aufeinander losgelassen.

Für die damalige Zeit verfügte das Theater über eine unglaubliche Technik. Die Tiere wurden mit einem Aufzug aus unterirdischen Käfigen nach oben befördert.

50 000 Menschen fanden in der Arena Platz. Die Zuschauer kamen oft von weit her angereist, um die Kämpfe im Kolosseum zu sehen.

Griechenland:
Die Akropolis in Athen

Im antiken Griechenland bezeichnete man als „Akropolis" eine Stadtfestung. Die bekannteste Akropolis steht in der griechischen Hauptstadt Athen. Sie diente zunächst den Königen als Wohnsitz. Erst später wurde der Felsen der Akropolis zu einem heiligen Ort erklärt.

Die Burganlage ist der Stadtgöttin Athene geweiht. Sie besteht aus mehreren Tempeln, die zwischen 447 und 406 v. Chr. erbaut wurden und an deren Gestaltung die bedeutendsten Künstler der damaligen Zeit mitwirkten.

Der größte und bekannteste griechische Tempel auf dem Festland ist der Parthenon-Tempel, in dem eine zwölf Meter hohe Statue der Göttin Athene stand.
Der Tempel besteht aus weißem Marmor und gilt als Meisterwerk der Baukunst.

England: Die Tower Bridge in London

Die Tower Bridge ist eine Straßenbrücke in London, der Hauptstadt Großbritanniens und führt über den Fluss „Themse“.

Die Brücke wurde von 1886 bis 1894 gebaut. Sie ist 244 Meter lang und hat zwei 65 Meter hohe Türme. Die 61 Meter lange Fahrbahn zwischen den beiden Türmen lässt sich nach oben aufklappen. So können auch große Schiffe durchfahren. Über der Fahrbahn befindet sich in 43 Metern Höhe eine Fußgängerbrücke, die heute vor allem als Aussichtspunkt genutzt wird.

Ihren Namen hat die Tower Bridge nach dem „Tower von London“ erhalten, der auf der Nordseite der Brücke steht. Er wurde im Mittelalter gebaut und war Festung, Waffenkammer, königlicher Palast und sogar Gefängnis für einige berühmte Persönlichkeiten. Heute werden im Tower die Kronjuwelen der Königin aufbewahrt.

Dänemark: Die „Kleine Meerjungfrau“ in Kopenhagen

Die „Kleine Meerjungfrau“, die bekannteste Skulptur Dänemarks, wurde 1913 von dem Bildhauer Edvard Eriksen angefertigt. Sie ist 1,65 Meter groß und ist aus Bronze gegossen.

Angeregt wurde der Künstler durch das Märchen „Die kleine Meerjungfrau“ von Hans Christian Andersen, in dem eine Meerjungfrau einem Prinzen das Leben rettet und sich in ihn verliebt. Die Meerjungfrau macht sich auf die Suche nach dem Prinzen. Um ihm nahe zu sein, nimmt sie menschliche Gestalt an, muss dafür aber einen hohen Preis bezahlen: Sie verliert ihre Stimme und ihre Unsterblichkeit. Heiratet der Prinz eine andere, wird die Meerjungfrau zu Schaum und verschwindet für immer.

Die „Kleine Meerjungfrau“ sitzt im Hafen von Kopenhagen auf einem Granitstein und hält noch immer nach ihrem Prinzen Ausschau.

Reise durch Europa

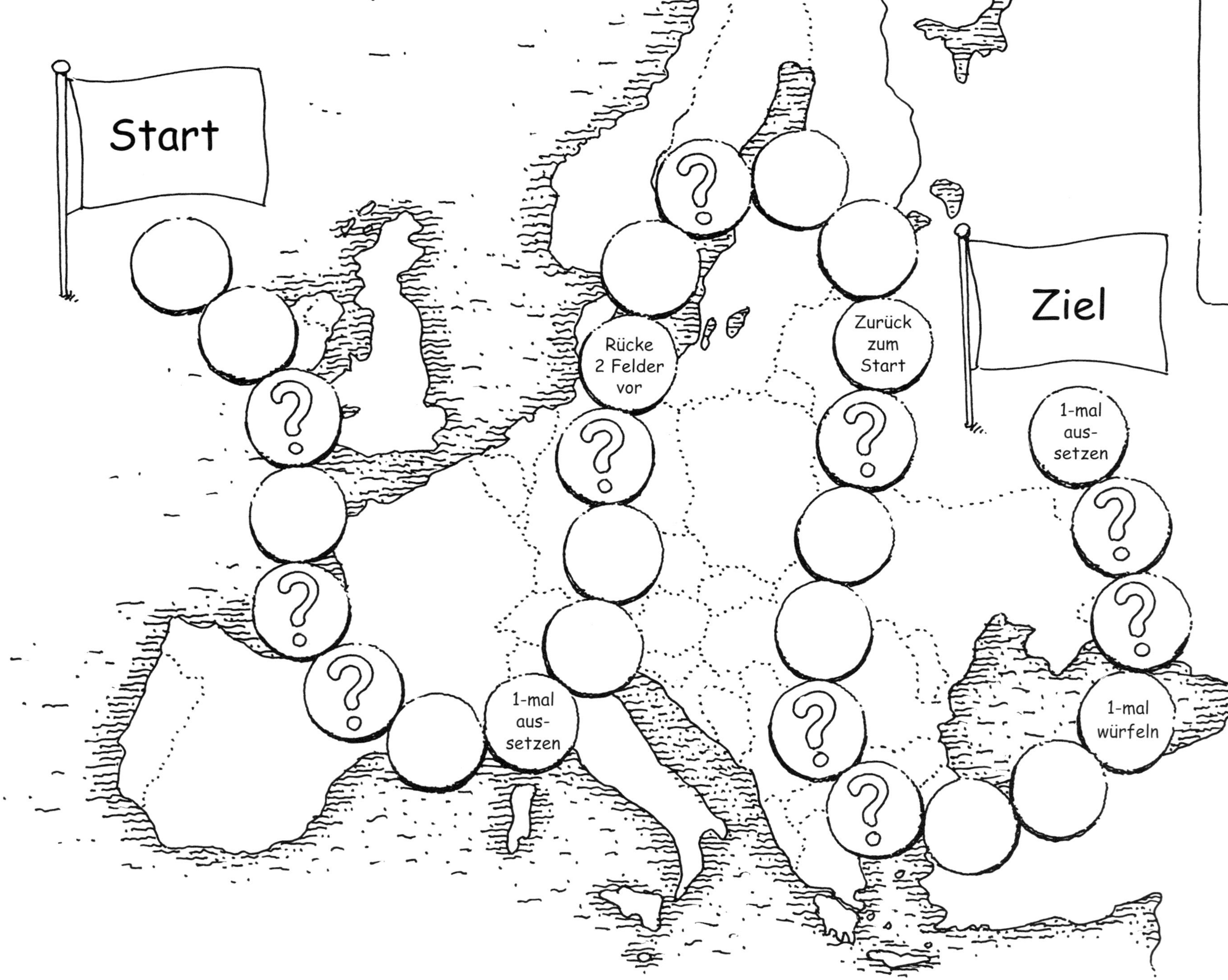

Reise durch Europa

Fragekarten

✂

Welches Tor trennte von 1961 bis 1990 Ost- und Westberlin? Brandenburger Tor	In welcher Stadt steht das Brandenburger Tor? Berlin	Wie heißt der Erbauer des Eiffelturms? Gustave Eiffel	Zu welchem Anlass wurde der Eiffelturm erbaut? Pariser Weltausstellung
Wie heißt die Hauptstadt von Frankreich? Paris	Was fand im alten Rom im Kolosseum statt? Gladiatorenkämpfe, Tierhetzen, Schlachten	In welcher Stadt steht das Kolosseum? Rom	Was ist das Besondere an der Tower Bridge in London? Sie ist eine Klappbrücke.
In welcher Stadt steht die Tower Bridge? London	Wem ist die Akropolis in Athen geweiht? Pallas Athene	Wie heißt die Hauptstadt von Griechenland? Athen	Wie viele Zuschauer fanden im Kollosseum Platz? 50000
Wie heißt der Fluss, über den die Tower Bridge in London führt? Themse	Aus welchem Material ist die „Kleine Meerjungfrau“? Bronze	Wer schrieb das Märchen „Die kleine Meerjungfrau“? Hans Christian Andersen	Wie heißt die Hauptstadt von Dänemark? Kopenhagen

Name:

Urlaubswörter

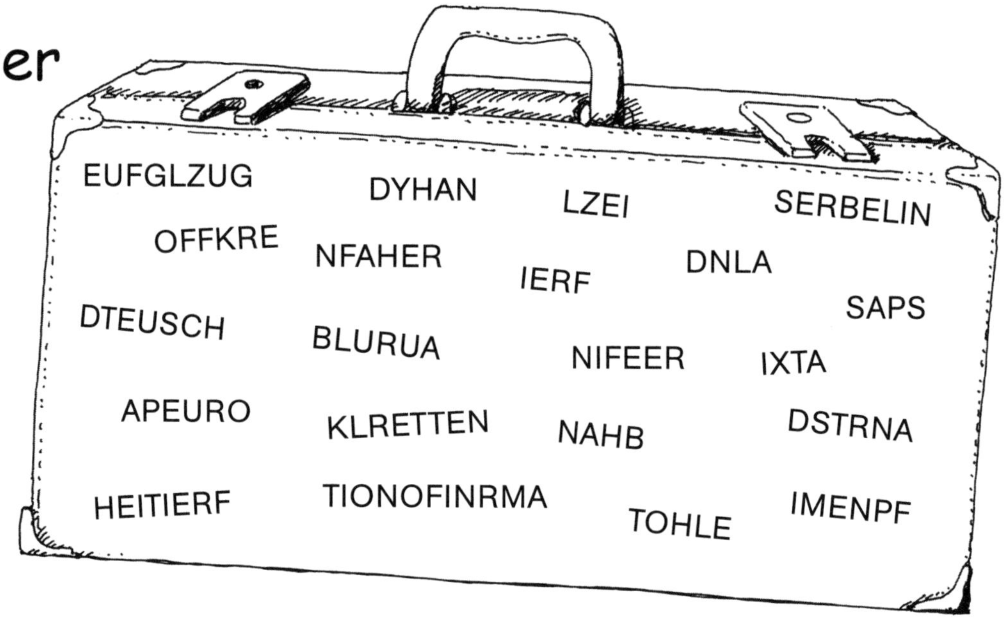

Schreibe die Wörter richtig und nach Wortarten geordnet auf.

Namenwort (Nomen) mit Begleiter	Tunwort (Verb)	Wiewort (Adjektiv)

Suche weitere Urlaubswörter und schreibe sie in Geheimschrift auf.

Bilde Sätze, in denen möglichst viele der Urlaubswörter vorkommen. Schreibe in dein Heft. Unterstreiche den Satzgegenstand rot und die Satzaussage blau.

Rechtschreibstation:

Angeln

Angle Fische. Schreibe die Wörter richtig auf. Achte auf Groß- und Kleinschreibung. Wenn du die Fische aufklappst, findest du die Lösung.

Rechtschreibstation:

Skateboard fahren

Lege dein Heft und einen Stift ans Ziel. Gehe an den Start. Merke dir zwei Urlaubswörter von der Liste und rolle auf dem Rollbrett zum Ziel. Schreibe die Wörter richtig in dein Heft. Rolle zurück und merke dir zwei weitere Wörter. Rolle wieder zu deinem Heft und schreibe sie auf.

Rechtschreibstation:

Im Sand

Schreibe die Urlaubswörter mit dem Finger in den Sand.

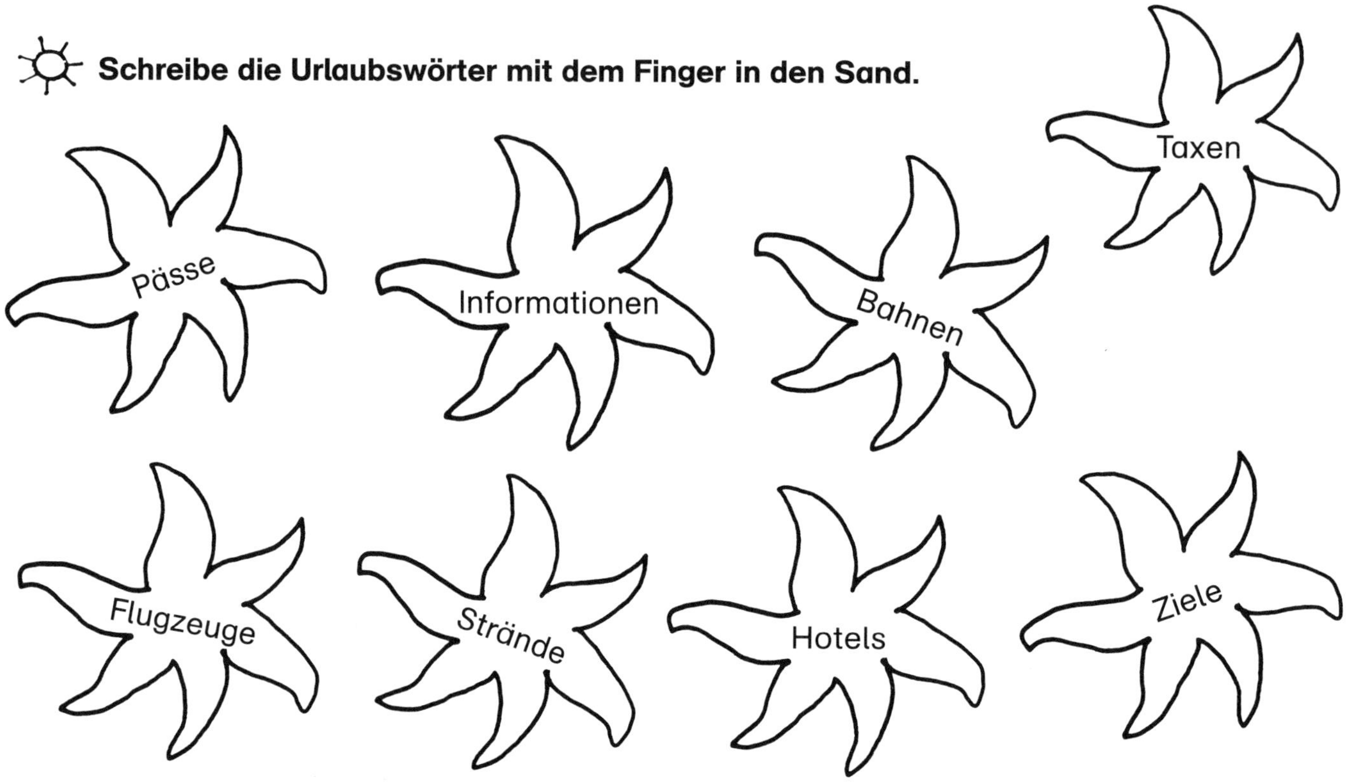

Rechtschreibstation:

Tauchen

Setzedie Taucherbrille auf und tauche damit vorsichtig ins Wasser ein. Merke dir zwei Wörter. Nimm die Brille ab und schreibe die Wörter auf.

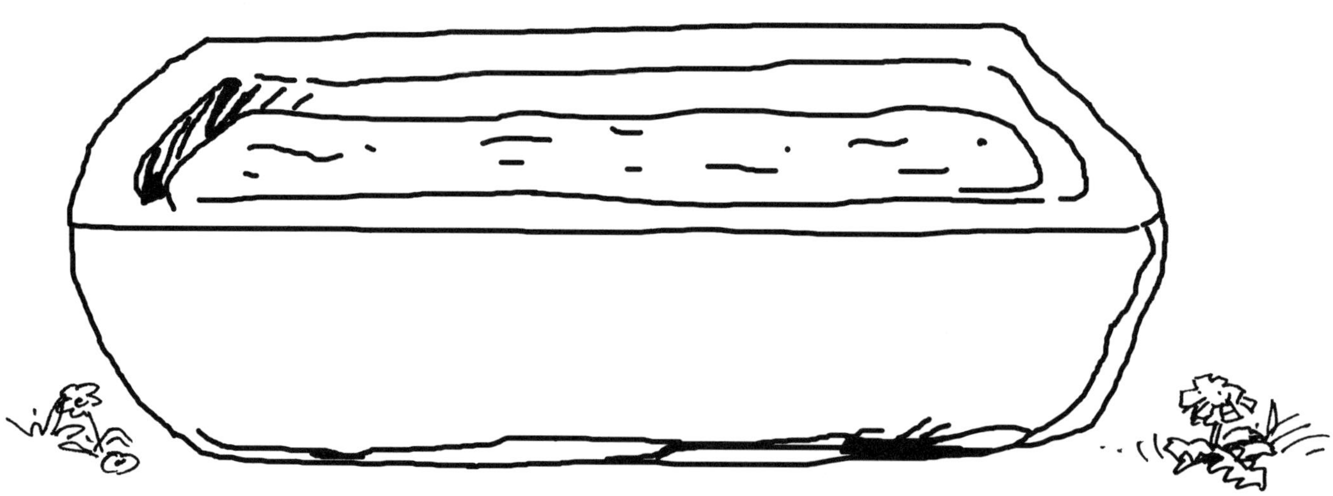

Rechtschreibstation:

Silbentrennung

Schreibe die Lernwörter in Silben getrennt auf.

klettern	______
Pass	______
fahren	______
Taxi	______
Hotel	______
impfen	______
frei	______
Flugzeug	______
Strand	______

Lösung

klettern	klet-tern
Pass	Pass
fahren	fah-ren
Taxi	Ta-xi
Hotel	Ho-tel
impfen	imp-fen
frei	frei
Flugzeug	Flug-zeug
Strand	Strand

Rechtschreibstation:

Fürwörter

Schreibedie Formen der Tunwörter (Verben) mit den Fürwörtern (Personalpronomen) auf.

Beispiel:		fahren		klettern
ich gehe	ich	__________	ich	__________
du gehst	du	__________	du	__________
er/sie/es geht	er/sie/es	__________	er/sie/es	__________
wir gehen	wir	__________	wir	__________
ihr geht	ihr	__________	ihr	__________
sie gehen	sie	__________	sie	__________

Lösung

	fahren		klettern
ich	fahre	ich	klettere
du	fährst	du	kletterst
er/sie/es	fährt	er/sie/es	klettert
wir	fahren	wir	klettern
ihr	fahrt	ihr	klettert
sie	fahren	sie	klettern

Rechtschreibstation:

Mehrzahl

Schreibe die Wörter in der Mehrzahl (im Plural) auf.

Einzahl

der Pass
das Erlebnis
die Information
die Bahn
das Land
das Hotel
der Strand
das Taxi

Mehrzahl

______
______
______
______
______
______
______
______

Lösung

Einzahl

der Pass
das Erlebnis
die Information
die Bahn
das Land
das Hotel
der Strand
das Taxi

Mehrzahl

die Pässe
die Erlebnisse
die Informationen
die Bahnen
die Länder
die Hotels
die Strände
die Taxis (die Taxen)

Rechtschreibstation:

Wir bilden Sätze

Bilde mit den Wörtern sinnvolle Sätze. Versuche möglichst viele Wörter in einem Satz unterzubringen. Schreibe in dein Heft.

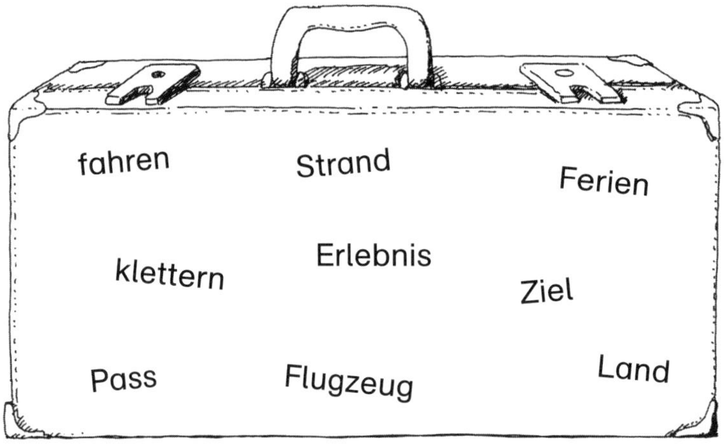

Lösung

Beispielsätze:

In den Ferien fahre ich mit meinen Eltern an den Strand.

Wenn man mit dem Flugzeug in ein fremdes Land fliegt, braucht man einen Pass.

Es war ein tolles Erlebnis, als ich beim Klettern das Ziel erreicht habe.

◯ **Rechtschreibstation:**

Tunwörter

Findedas passende Tunwort (Verb) und schreibe es auf.

Beispiel: das Land – landen

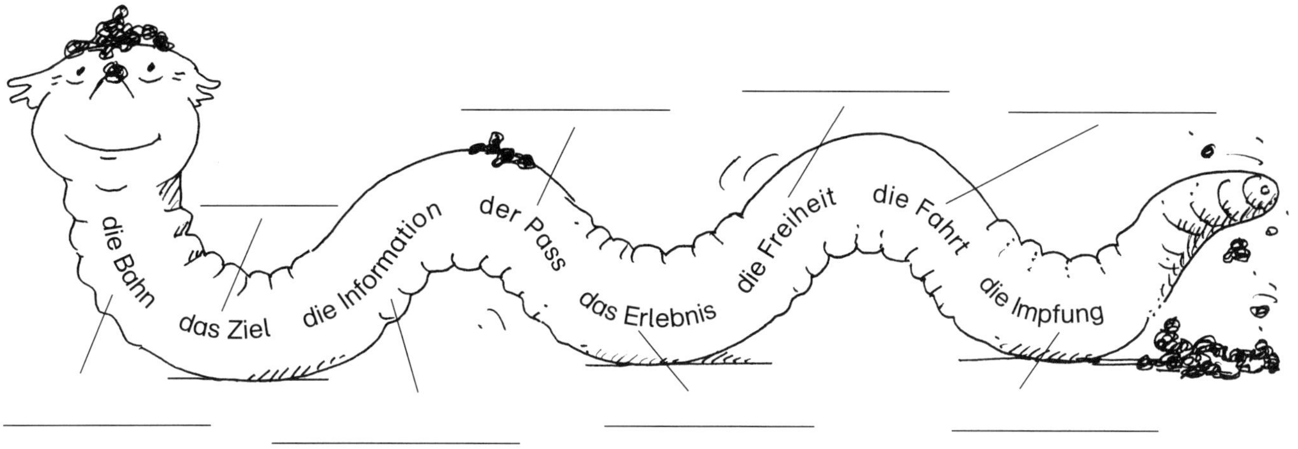

Lösung

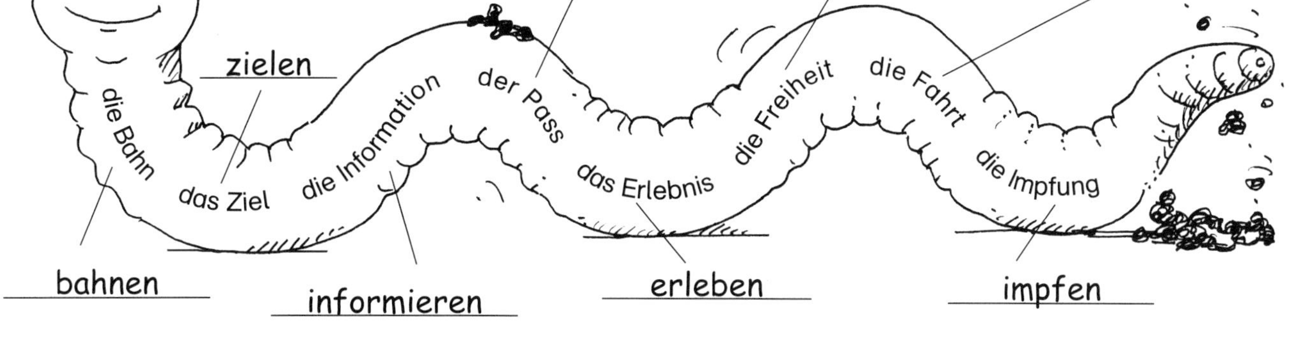

Rechtschreibstation:

Wörterrätsel

Die Urlaubswörter sind in der Sonne etwas geschmolzen.
Kannst du sie trotzdem entziffern?

Paxx
klexxern
Handx
Stranx
Baxn

Erlebnix
Infor-
maxxxx
faxxen
ixxfen
Urlaux

Lösung

Pass
klettern
Handy
Strand
Bahn

Erlebnis
Infor-
mation
fahren
impfen
Urlaub

Koffergeschichten der Klasse ____

Diese Geschichte stammt von ____________________

Name:

Let's talk English

true or false

1.	❍	❍
2.	❍	❍
3.	❍	❍
4.	❍	❍
5.	❍	❍
6.	❍	❍
7.	❍	❍
8.	❍	❍
9.	❍	❍

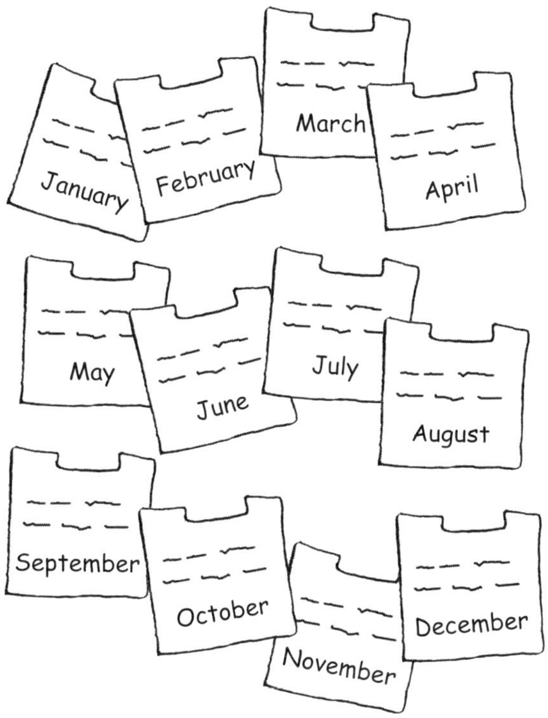

Fruit bingo

✂

✂

✂

fruit	peach	banana	orange	cherry
apple	pear	plum	lemon	melon

3. Kapitel: Rund ums Wasser

Vorbemerkung

„Das Wasser ist ein freundliches Element für den, der damit bekannt ist und es zu behandeln weiß.“
Johann Wolfgang von Goethe

Wasser – Element des Lebens. Mit allen Sinnen sollen die Kinder dies erfahren und sich der Bedeutung und der Notwendigkeit von Wasser bewusst werden. Vielen Kindern ist die umfassende Bedeutung des Wassers für ihr Leben zu diesem Zeitpunkt noch nicht klar. Gerade im Sommer gibt es viele Möglichkeiten, dieses komplexe Thema sowohl innerhalb als auch außerhalb des Klassenzimmers zu behandeln.

Über körperliche Erfahrungen mit Wasser werden die Kinder zum kreativen Schreiben animiert. Mithilfe einfacher physikalischer Versuche können Sie Ihre Schüler zum Staunen bringen und Naturphänomene einfach erläutern.

Die einzelnen Inhalte dieses Kapitels können unterschiedlich kombiniert werden, je nachdem, welchen Schwerpunkt Sie im Unterricht setzen möchten. Beispielsweise kann der „Wasserparcours“ (vgl. Anregungen für den Unterricht) als Einstimmung für ein Gedicht zum Thema „Wasser“ verwendet werden. Das Gedicht „Das Wassertröpflein“ (Seite 70) führt zum Thema „Wasserkreislauf“ hin. Die Fantasiereise (Seite 63) wiederum passt zu sämtlichen Inhalten des Wasserkapitels, kann aber, wie alle anderen Teile, auch isoliert im Unterricht eingesetzt werden.

Lehrplanbezug

Deutsch
- Für sich und andere schreiben
- Richtig schreiben
- Unterschiedliche Textsorten kennenlernen
- Bastelanleitungen lesen und verstehen

Sachunterricht
- Der natürliche Kreislauf des Wassers
- Wasser als Lebensraum für Menschen und Tiere
- Ortsgeschichte anhand heimatlicher Brunnen erfahren

Anregungen für den Unterricht

Wasserparcours
Führen Sie das Thema „Wasser“ mit einem Parcours ein. Die Kinder können hier erste Sinneserfahrungen machen.

- *Sehen:* Zeigen Sie Dias oder Bilder von Wasser in unterschiedlichster Form oder lassen Sie die Kinder ein „Wassergedicht“ (z. B. „Gewitter“ von Erwin Moser, „Im Regen gehen“ von Gottfried Herold) mit der Taucherbrille lesen. Laminieren Sie dafür ein passendes Gedicht, legen Sie es auf den Boden einer mit Wasser gefüllten Wanne und beschweren Sie es mit einem Stein. Ein Kind zieht eine Taucherbrille über, setzt sie vorsichtig auf der Wasseroberfläche auf und versucht den Text zu lesen.
- *Hören:* Halten sich die Kinder große Muscheln ans Ohr, können sie das „Meer“ rauschen hören. Alternativ spielen Sie Ihrer Klasse eine Tonbandaufnahme mit Meeresrauschen vor. Sie können die Schüler auch Geräusche raten lassen, z. B. Tropfen eines Wasserhahns, Dusche, Plätschern eines Baches, Rauschen der Meeresbrandung, Eingießen von Wasser aus einer Flasche in ein Glas, Prasseln von Regentropfen, Gewitterdonnern.
- *Schmecken:* Füllen Sie unterschiedliche Becher mit stillem und leicht bzw. stark mit Kohlensäure versetztem Wasser. Die Kinder probieren und vergleichen.
- *Riechen:* Träufeln Sie Wasser, versetzt mit unterschiedlichen Aromen (Zitronensaft, Parfüm, Duftöl …), auf Wattepads. Die Kinder ordnen entsprechende Wortkarten zu.
- *Fühlen:* Stellen Sie Wasser in einer Sprühdose und einen Schwamm in einer Wasserschüssel zum Ausprobieren bereit.

Nachdem die Kinder den Wasserparcous durchlaufen haben, berichten sie im Sitzkreis von ihren Erfahrungen und Eindrücken. Begeben Sie sich dann mit Ihrer Klasse auf eine Fantasiereise (Seite 63). Die Kinder können an ihren Plätzen wieder zur Ruhe kommen und gleichzeitig tiefer in das Thema eintauchen.

Zu den Kopiervorlagen

KV Seite 63

Fantasiereise
Setzen Sie die Fantasiereise zur Einstimmung, als Ausklang oder zur Auflockerung zwischen den Unterrichtseinheiten zum Thema „Wasser“ ein. Für die Durchführung gelten die Angaben, die im ersten Kapitel (Seite 7) beschrieben sind.

KV Seite 64

Brief an das Wasser

Diese Kopiervorlage bietet als kreative Schreibmöglichkeit einen Brief an das Wasser an. Entwickeln Sie nach Durchlaufen des Wasserparcours mithilfe eines Cluster Ideen zum Thema „Wasser". Besprechen Sie, was wir mit Wasser alles machen können, wozu wir es brauchen usw. Halten Sie Stichpunkte an der Tafel fest.

Nach Beendigung der Schreibphase überarbeiten die Kinder ihre Texte. Sie lesen sich ihre Briefe gegenseitig in Gruppen vor und verbessern ihre Texte gemeinsam. Im Sitzkreis stellen sie der ganzen Klasse ihre Geschichten vor.

Nach einer rechtschriftlichen Überarbeitung der Kinderbriefe sind verschiedene Formen der Veröffentlichung denkbar:

- Ausstellung im Klassenzimmer als Abschluss der Sequenz „Wasser"
- Zusammenfassung aller schriftlichen Ergebnisse in Form eines „Wasserbüchleins"
- Abschicken der Briefe als gemeinsame Flaschenpost in einem örtlichen Gewässer

Differenzierungsangebot

Die im ersten Kapitel vorgestellten Techniken des kreativen Schreibens (Cluster, Elfchen, Satzballon ..., vgl. Seite 16–21) können Sie einzeln oder in Form von Stationen bzw. als Lerntheke auch zum Thema „Wasser" einsetzen. Puzzlebilder (vgl. Seite 7/8) können ebenfalls als Anregungen zum freien Schreiben dienen. Kleben Sie passende Fotos oder Bilder aus Illustrierten auf festes Papier und zerschneiden Sie die Bilder in einzelne Teile. Die Kinder puzzeln das Bild wieder zusammen und überlegen sich anschließend kleine Geschichten dazu.

KV Seite 65/66

Wasserwörter

Die Kinder ergänzen die vorgegebenen Wörter zum Thema „Wasser" individuell. Sie können dazu die Wörter aus dem vorher verfassten Wasserbrief (Seite 64) verwenden oder in Partnerarbeit mithilfe eines Schülerwörterbuchs oder eines anderen Nachschlagewerks weitere Wörter zum Thema „Wasser" finden. Klären Sie unbekannte Wörter gemeinsam in der Klasse. Anschließend schreiben die Kinder alle Namenwörter alphabetisch in ihr Heft oder auf ein Blatt.

In der zweiten Aufgabe wiederholen sie den Gebrauch der Tunwörter. Kurzes und präzises Formulieren üben die Schüler in der dritten Aufgabe. Abschließend tragen sie sich gegenseitig ihre Rätsel vor und lösen sie.

Das zweite Arbeitsblatt dient der Wortschatzerweiterung und übt die Wörter des Grundwortschatzes. Weisen Sie die Kinder darauf hin, dass sie bei der Bildung der zusammengesetzten Namenwörter in der ersten Aufgabe auf die Position des Wortes „Wasser" als Grund- bzw. Bestimmungswort achten sollen. Bei dieser Gelegenheit können Sie darauf aufmerksam machen, dass der Artikel des Grundwortes dem zusammengesetzten Namenwort den Artikel gibt.

In der unteren Aufgabe ist es umgekehrt: Die Kinder erkennen die beiden Teile der vorgegebenen zusammengesetzten Namenwörter. Sie ordnen beide Wörter den entsprechenden Wortarten zu und schreiben sie in die Tabelle.

Lösung

Aufgabe 1:

Wasserrad, Wasserball, Quellwasser, Wassereimer, Sickerwasser, Trinkwasser, Regenwasser, Sprudelwasser, Wasserspender, Spülwasser, Waschwasser, Wasserpflanze, Wasserkocher, Dreckwasser, Grundwasser

Aufgabe 2:

Namenwort + Namenwort

die Flussmündung = der Fluss + die Mündung

der Brückenpfeiler = die Brücke + der Pfeiler

der Meeresboden = das Meer + der Boden

Tunwort + Namenwort

die Schwimmhaut = schwimmen + die Haut

der Trinkbecher = trinken + der Becher

KV Seite 67–69

Experimente mit Wasser

Kinder lieben Experimente. Einfache Versuche können im Morgenkreis als „Experiment des Tages" ein festes Element zur Einstimmung auf den Tag bilden. Das motiviert die Kinder, sich eigene Versuche auszudenken und vor der Klasse zu demonstrieren. Spie-

lerisch wird auf diese Weise ihr Interesse für naturwissenschaftliche Zusammenhänge geweckt.

Zeigen Sie zu Anfang selbst einen oder mehrere Versuche. Lassen Sie die Kinder die Anweisungen auf der Kopiervorlage lesen – so üben sie Texten Informationen zu entnehmen. Anschließend können die Schüler selbst einen Versuch vorbereiten bzw. vorführen und zum Schluss das Gesehene kurz aufschreiben.

Vielleicht gelingen den Kindern nicht alle Versuche auf Anhieb. Ermutigen Sie die Schüler, indem Sie ihnen erklären, dass auch „echte" Forscher viel Geduld brauchen und einen Versuch mehrmals ausprobieren müssen, bevor sie Erfolg haben.

Im Folgenden einige Hintergrundinformationen zu den Versuchen:

Die schwimmende Nadel
Aufgrund ihrer Molekularstruktur verhält sich die Wasseroberfläche ähnlich wie ein Netz. Sie ist deshalb in der Lage, winzige Gegenstände mit geringem Gewicht und winziger Oberfläche zu tragen. Aus diesem Grund können auch kleine Insekten über Wasser laufen.

Wirft man nun eine Nadel rasch ins Wasser, wird diese Netzstruktur zerstört. Gleiches geschieht durch die Zugabe von Spülmittel: Die Nadel sinkt zu Boden.

Das Erfrischungsspray
Beim Blasen in den Strohhalm strömt an der geschlitzten Knickstelle ein Luftzug heraus. Unterhalb vom Schlitz wird der Luftdruck geringer. Der normale Luftdruck darunter presst das Wasser aus der Flasche nach oben. Durch die Luftbewegung wird das Wasser in Form feiner Tröpfchen in der Luft verteilt.

Eierzauberei
Nach dem Ausgießen des heißen Wassers bleibt Wasserdampf in der Babyflasche. Ein Teil der sich in der Flasche befindlichen Luft wird herausgedrängt. Beim Abkühlen verdichten sich die Wasserteilchen zu größeren Tröpfchen und benötigen deshalb weniger Platz. Der Luftdruck in der Flasche sinkt. Außerhalb der Flasche bleibt er gleich und drückt das Ei dadurch in die Flasche.

Die schwitzende Pflanze
Bei Wärmeeinstrahlung geben Pflanzen über ihre Blätter Feuchtigkeit ab. An einem heißen Sommertag kann ein großer Baum Tausende von Litern Wasser abgeben. Über kleine Öffnungen an den Blättern gelangt Wasser an die Blattoberfläche, wo es dann verdunstet.

Das Spülmittelboot
Die schmale Öffnung im Karton ist die einzige Möglichkeit für das Spülmittel, hinauszufließen. Es handelt sich im physikalischen Sinn um eine „Aktion", die eine „Reaktion" zur Folge hat. Das Boot wird nach vorn gestoßen.

KV Seite 70

Das Wassertröpflein
Als meditative Einstimmung auf das Gedicht eignen sich verschiedene Wassergeräusche. Das Tröpfeln bzw. Prasseln von Regen, das Plätschern eines Baches, das Rauschen eines Flusses, das Geräusch der sich brechenden Meereswellen regen die Kinder zu freien Äußerungen an. Ebenso kann der Wasserparcours (Seite 56) als Einstieg genutzt werden.

Im Anschluss sammeln die Kinder in Partnerarbeit Verben zum Thema „Wasser", die sie Bildern von Regenwolken, einem Bach, einem Wasserfall, einem Fluss, einem Meer o. Ä. an der Tafel zuordnen.

Dann können Sie oder ein lesestarkes Kind das Gedicht vortragen. Es kann auch als „Wassergedicht" (vgl. Seite 56) präsentiert werden.

Lesen Sie nun mit der ganzen Klasse den Text auf dem Arbeitsblatt und klären Sie unbekannte Wörter. Vergleichen Sie die im Text verwendeten Verben mit den an der Tafel gesammelten Wörtern.

Ermutigen Sie die Kinder, das Gedicht durch Betonung, Mimik und Gestik individuell zu gestalten. Die Kinder lesen sich in Partnerarbeit das Gedicht vor und diskutieren mögliche Umsetzungen. Ein Kind kann das Gedicht später der Klasse vortragen und das Partnerkind bewegt sich pantomimisch dazu. Die Kinder können sich auch Geräusche überlegen, die zu den einzelnen Zeilen passen. Stellen Sie dafür Instrumente, Rasseln, Wasserschüsseln usw. zur Verfügung.

Differenzierungsangebot
Das folgende Gedicht von Johann Wolfgang von Goethe eignet sich gut zur vergleichenden Betrachtung.

Alles ist aus dem Wasser entsprungen!

Alles wird durch Wasser erhalten!
Ozean, gönn uns dein ewiges Walten.
Wenn du nicht in Wolken sendetest,
Nicht reiche Bäche spendetest,
Hin und her nicht Flüsse wendetest,
Die Ströme nicht vollendetest,
Was wären Gebirge, was Ebnen und Welt?
Du bist's, der das frischeste Leben erhält.

KV Seite 71/72

Wie entsteht Regen?
Als Einstieg in das Thema „Wasserkreislauf" eignet sich ein Bericht über die Wetterlage. Das typische Sommerwetter: große Hitze und wenig Regen – welche Auswirkungen hat dies auf Menschen, Tiere und Pflanzen?

Wasserverbrauch
In Deutschland verbraucht ein Mensch etwa 120 Liter Wasser am Tag. Ohne Essen kann der Mensch mehrere Tage auskommen, ohne ausreichendes Trinkwasser hingegen nicht länger als drei bis vier Tage. 2 bis 3 Liter benötigt ein erwachsener Mensch täglich. Ein Kind sollte mindestens 1,5 bis 2 Liter trinken. Gerade im Sommer darf es auch mehr sein.

Auch Tiere brauchen viel Flüssigkeit zum Leben. Ein Pferd trinkt bis zu 40 Liter Wasser am Tag. Wassermangel kann zu ernsthaften Erkrankungen führen.

Ohne Wasser keine Vegetation. Ein mittelgroßer Baum benötigt bis zu 100 Liter Wasser pro Tag, die er von den Wurzeln bis in die Krone weitergibt. Um an das vorhandene Wasser im Boden zu kommen, entwickeln die meisten Pflanzen ein weitverzweigtes Wurzelsystem. Das aufgenommene Wasser steigt über feine Kanäle im Stamm bzw. den Stängeln zu den Blättern, wo mithilfe des Sonnenlichts die Fotosynthese stattfindet. Einen Teil des Wassers geben die Pflanzen durch Verdunstung an die Umwelt ab (vgl. das Experiment „Die schwitzende Pflanze", Seite 68, unten)

Wie aber entsteht nun der lebenswichtige Regen? Veranschaulichen Sie die naturwissenschaftlichen Zusammenhänge mit folgendem Experiment:
1. Erhitzen Sie Wasser im Wasserkocher.
2. Füllen Sie das heiße Wasser in ein hohes durchsichtiges Gefäß. Wasserdampf steigt auf.
3. Stellen Sie nun einen mit Eiswürfeln (können in der Thermosflasche mitgebracht werden) gefüllten Teller auf das Gefäß. Der Wasserdampf verdichtet sich und eine kleine Wolke wird an der Unterseite des Deckels sichtbar. Anschließend kondensiert das Wasser an der Unterseite des Tellers und tropft in das Gefäß zurück.

Lassen Sie die Kinder dann Vermutungen äußern, was der Versuch mit den Vorgängen in der Natur zu tun hat. Die Kinder können an dieser Stelle ihr Vorwissen einbringen. Erläutern Sie gegebenenfalls die Begriffe „Verdunstung" und „Kondensation". Anschließend fassen die Kinder den Versuch kurz schriftlich zusammen und tragen ihn vor. Diskutieren Sie Verständnisprobleme in der Klasse.

Setzen Sie erst dann die Kopiervorlagen ein. Die Kinder lesen die einzelnen Schritte auf dem ersten Arbeitsblatt und schneiden die Kärtchen aus. In Partnerarbeit überlegen sie, welche Kärtchen das Experiment beschreiben, das sie eben gesehen haben, und welche die Entstehung von Regen in der Natur erklären. Anschließend legen sie jeweils die richtige Reihenfolge fest. Besprechen Sie in der Klasse den Zusammenhang der beiden Abläufe.

Anschließend kleben die Kinder die Kärtchen auf das zweite Blatt. Auf diese Weise können sie ihr Wissen über die Zusammenhänge von Verdunstung und Kondensation noch einmal festigen.

Um eine Verbindung zur unmittelbaren Bezugswelt der Kinder herzustellen, können Sie die Schüler abschließend darauf hinweisen, dass es im Sommer sinnvoll ist, die Pflanzen auf dem Fensterbrett oder im (Schul-)Garten morgens zu gießen, da zu diesem Zeitpunkt die Verdunstung noch gering ist.

Lösung
Im Klassenzimmer
1. Mit dem Wasserkocher wird das Wasser erhitzt.
2. Das heiße Wasser wird in ein durchsichtiges hohes Gefäß gefüllt. Der Wasserdampf steigt nach oben.
3. Ein Teller mit Eiswürfeln wird auf das Gefäß mit dem dampfenden Wasser gestellt. Der Wasserdampf stößt daran und verdichtet sich in kurzer Zeit zu größeren Tröpfchen, die als kleine Wolke sichtbar werden.
4. Nach einiger Zeit sammeln sich große Wassertropfen an der Unterseite des Tellers, die dann wieder zurück in das Gefäß fallen.

In der Natur
1. Der Weg der Wassertropfen beginnt im Meer mit der Erwärmung durch die Sonne.
2. Das Wasser verdunstet an der Wasseroberfläche und steigt als Wasserdampf mit der warmen Luft nach oben.
3. Je höher die warme Luft steigt, desto kühler wird es. In den kalten Luftschichten verdichten sich die kleinen Wasserteilchen zu größeren Tropfen, die dann eine Wolke bilden. Man sagt, sie kondensieren.
4. Wird die Wolke zu schwer, fallen die Tropfen als Regen zu Boden.

KV Seite 73

Wohin versickert das Wasser?

Leiten Sie ausgehend vom Gießen der Pflanzen im Garten zum nächsten Gedanken über. Wohin versickert das Wasser? Wie sieht es unter der Erdoberfläche aus? Zeigen Sie ein Bild, das die unterschiedlichen Erdschichten zeigt.

Veranschaulichen Sie den Lauf des Wassers anhand der folgenden zwei Versuche:

1. Versuch: Befüllen Sie vier Tontöpfe mit jeweils einem der folgenden Materialien: Erde, Sand, Kies und Lehm. Lassen Sie die Kinder die unterschiedlichen Substanzen befühlen. Teilen Sie Ihre Klasse in vier Gruppen ein. Jede Gruppe schüttet eine Tasse Wasser in „ihren" Tontopf und stellt ein Auffangglas darunter. Nach 30 Sekunden wird verglichen, wie viel Wasser jeweils aus den Töpfen in die Gläser gelaufen ist.

Die Kinder erkennen, dass das Wasser unterschiedlich schnell durch die verschiedenen Schichten sickert.

2. Versuch: Die Kinder schichten in ein leeres Glasgefäß (z. B. in ein Aquarium) Lehm, Kies, Sand und Erde übereinander und gießen Wasser darüber.

Das Wasser sammelt sich über der Lehmschicht. So können Sie die Entstehung von Grundwasser demonstrieren. Steckt man ein Steigrohr in die Schichten und gießt Wasser hinein, kann das Prinzip des Brunnens erläutert werden.

Wasser versickert

Wenn es regnet, versickern etwa 20 % des Regenwassers im Boden. Der Rest fließt über Flüsse ins Meer. Das Grundwasser ist ein Wasservorkommen, das in kleinen Bodenpartikeln gebunden ist.

In Kalkregionen bahnt sich das Niederschlagwasser seinen Weg durch Bodenspalten ins Gestein. Im Laufe der Jahre teilen sich die Wasseradern, treffen aufeinander und können sich zu einem unterirdischen Höhlen- und Flusssystem verbinden.

Während seiner Reise durch den Untergrund verändert sich die Qualität des Wassers. Als Quellwasser bezeichnet man Wasser, das durch einen natürlichen Filterungsprozess in den Gesteinsschichten gereinigt wurde.

Mineralwasser ist ein mit Mineralien angereichertes Wasser, das beim Versickern die wertvollen Mineralien aus den Gesteinsschichten herausgelöst und aufgenommen hat.

Thermalwasser stammt aus tieferen Grundwasserschichten, wo das Grundwasser eine höhere Temperatur besitzt. Es wird zur Heilung verschiedener Krankheiten verwendet.

Es gibt auch Grundwasservorkommen in besonders tiefen Schichten, die das Regenwasser erst nach jahrelanger Reise erreicht. Wie gelangt das Wasser nun wieder an die Oberfläche? Folgender Versuch eignet sich als Erklärungshilfe:
1. Legen Sie einen nassen, weichen Putzschwamm auf einen Teller.
2. Breiten Sie zwei Lagen Küchenpapier über den Schwamm und decken Sie das Ganze mit Frischhaltefolie ab. Verteilen Sie darauf eine Handvoll Erde.
3. Bohren Sie mit einem spitzen Gegenstand (z. B. Stricknadel oder Schaschlikspieß) ein Loch in die Mitte und stecken Sie ein Stück Strohhalm hinein. So veranschaulichen Sie die Funktionsweise eines Brunnens.
4. Halten Sie den Teller schräg, läuft das Wasser seitlich ab. Dieser Vorgang entspricht dem Prinzip einer Quelle.

Mithilfe der Kopiervorlage können die gewonnenen Erkenntnisse festgehalten und gesichert werden.

Lösung
Aufgabe 1:
regnet – sickert – stößt – sammelt – bildet – erreicht

Aufgabe 2:
im Brunnen, als Quelle, als See

KV Seite 74 **Wasserdrehscheibe**
Folgender Gedichtauszug von Johann Wolfgang von Goethe eignet sich zur literarischen Betrachtung des Wasserkreislaufs.

Gesang der Geister über den Wassern (Auszug)

Des Menschen Seele
Gleicht dem Wasser.
Vom Himmel kommt es
Zum Himmel steigt es,
Und wieder nieder
Zur Erde muss es
Ewig wechselnd.

Mit der Kopiervorlage können die Kinder zum Abschluss der Unterrichtssequenz eine Drehscheibe zum Wasserkreislauf basteln. Dazu benötigt jedes Kind eine Musterklammer, Schreibzeug, eine Schere und Stifte zum Anmalen.

Zur Wiederholung schreiben die Kinder die zu den Bildern passenden Tunwörter auf die größere Scheibe. Anschließend schneiden sie beide Scheiben aus. Zur Verbesserung der Stabilität können die Scheiben auf Tonpapier geklebt und erneut ausgeschnitten werden. Vor dem Zusammenstecken malen die Kinder die Bilder aus. Dann legen sie die kleinere Scheibe auf die größere und fixieren sie in der Mitte mit der Musterklammer. Beim Drehen erscheinen nun im Sichtfenster die einzelnen Schritte des Wasserkreislaufs.

Lösung

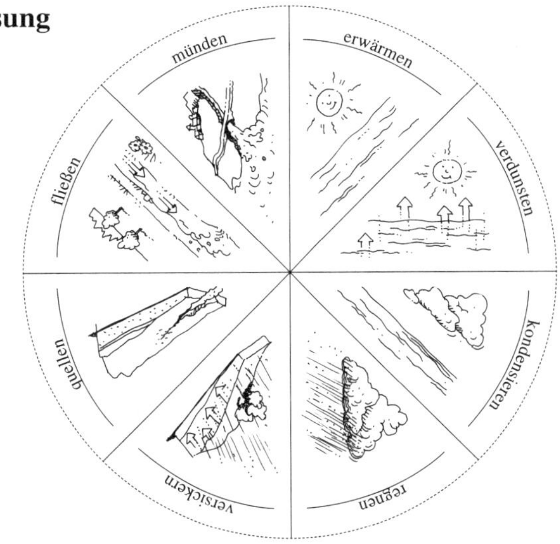

KV Seite 75 **Wasserrätsel**
Mithilfe des Rätsels können die Kinder ihr Wissen rund um das Thema „Wasser“ überprüfen. Die Lösungen tragen sie waagerecht und mit Großbuchstaben in die Felder ein.

Lösung

1 →		V	E	R	D	U	N	S	T	E	N	
2 →	E	R	W	Ä	R	M	E	N				
3 →						W	A	S	S	E	R	
4 →					G	E	W	I	T	T	E	R
5 →			Q	U	E	L	L	E				
6 →						T	A	U				
7 →						S	E	E				
8 →	V	E	R	S	I	C	K	E	R	N		
9 →				L	E	H	M					
10 →				B	R	U	N	N	E	N		
11 →						T	R	O	P	F	E	N
12 →	S	C	H	Ü	T	Z	E	N				

Lösungswort: UMWELTSCHUTZ

KV Seite 76/77

Kleiner Brunnenführer

Brunnen dienen nicht nur der Wasserversorgung, sondern sind oft plätschernde Kunstwerke, die das Bild einer Stadt prägen und viel über die Geschichte des Ortes erzählen. Eine Exkursion zu den verschiedenen Brunnen einer Stadt macht Kindern großen Spaß. Gerade im Sommer kann ein solcher Entdeckungsspaziergang zu einem ebenso erfrischenden wie lehrreichen Ausflug werden.

Früher wurde der Brunnen im täglichen Leben benutzt und genoss deshalb einen besonderen Schutz. Es war Aufgabe der Bürger, ihn sauber und funktionstüchtig zu halten – taten sie dies nicht, mussten sie hohe Strafen bezahlen. Auch beim Löschen von Stadtbränden wurde das Wasser der Brunnen verwendet.

Informieren Sie sich vor Beginn der Brunnenexkursion über die Geschichte der örtlichen Brunnen. Über die Münchner Brunnen beispielsweise gibt es ein schönes Buch von Juliane Reister: Wasserspiele in München, Rundgänge zu den Brunnen der Innenstadt (dtv 1992). Bereiten Sie von allen Brunnen, die besucht werden sollen, eine kurze Zusammenfassung geschichtlicher Daten vor, die die Kinder später in ihren Brunnenführer übertragen oder einkleben können.

Jedes Kind erhält vor dem Unterrichtsgang Kopien der Arbeitsblätter, sodass es seinen eigenen Brunnenführer gestalten kann. Das Deckblatt wird mit Tonpapier verstärkt. Dahinter werden für jeden Brunnen, der besucht werden soll, die drei auseinandergeschnittenen Kopiervorlagen (Seite 75/76) geheftet. Seitlich gelocht und mit einer Schnur oder zwei Klammern zusammengefasst entsteht ein Brunnenbüchlein.

Befinden sich an einem Brunnen in den Stein eingemeißelte Ornamente, Schriften oder Muster, können die Kinder Papierbögen darauflegen und mit Wachsmalstiften kräftig darübermalen. Später werden die so gewonnenen Abdrücke den jeweiligen Brunnen zugeordnet.

Jedes Kind benötigt für die Exkursion:

- Schreibzeug, evtl. Wachsmalstifte
- Trinkbecher
- Schnur oder Geschenkband (Länge ca. 2 m, um die Länge des Wasserstrahls zu bestimmen)

Als Schreibunterlage eignet sich ein Klemmbrett. Alternativ können die Kinder auch eine Mappe verwenden, in der sich die Unterlagen zudem sicher verstauen lassen.

Sie benötigen:

- Notizen über die Geschichte der Brunnen
- Aufnahmegerät
- Badethermometer
- Meterstab

Mithilfe eines tragbaren Aufnahmegeräts können die Geräusche des Brunnens aufgezeichnet werden und später als vergleichende Hörübung dienen.

Mit dem Badethermometer messen die Kinder die Wassertemperatur und mit dem Meterstab die mit der Schnur bestimmte Länge des Wasserstrahls.

Nun kann es losgehen!

Fantasiereise

Setze dich bequem auf deinen Stuhl. Entspanne dich. Atme ruhig ein und aus. Verschränke die Arme auf dem Tisch und lege deinen Kopf darauf. Wenn du möchtest, schließe die Augen.

Hitzefrei! Raus aus der Schule und schnell nach Hause. Du hast dich mit deinen Freunden zum Baden verabredet. Gleich nach dem Mittagessen packst du deine Badetasche auf dein Fahrrad und machst dich auf den Weg zum Badesee. Es ist ein sehr heißer Tag. Der Fahrtwind bläst dir angenehm kühl ins Gesicht. Schnell saust du auf dem Radweg dahin. Der Asphalt vor dir sieht schon ganz weich aus, so heiß ist es. Die Luft flimmert.

Auf dem Feld zieht ein Mähdrescher seine Bahnen. Es staubt, als er seine Körner auswirft. Du musst die Augen zusammenkneifen. Der Schweiß rinnt dir den Rücken hinab. Dein Mund ist ganz trocken. Aber es ist nicht mehr weit. Du kannst die Stimmen der Kinder im Wasser schon hören.

Endlich, der See! Du bist angekommen und springst vom Rad. Beinahe fällst du hin, denn deine Beine fühlen sich vom schnellen Treten wie Gummi an. Deine Freunde warten unter einem Baum. Dein Badezeug hast du schon an. Rasch ziehst du dein T-Shirt über den Kopf.

Das Wasser liegt ruhig und dunkelgrün vor dir. Vorsichtig setzt du einen Fuß hinein. Es ist eisig und dich schaudert. Tapfer gehst du langsam weiter. Der Uferboden ist sandig und quillt zwischen deinen Zehen hervor. Bis zu den Knien stehst du jetzt schon im Wasser. Neben dir spielen andere Kinder. Es spritzt - eiskalte Tropfen lassen dich zusammenzucken. Nun geht es tiefer ins Wasser hinein. Du hältst den Atem an. Mit einem Mal stehst du bis zum Bauch im See. Wasserpflanzen kitzeln dich am Bein. Erschrocken springst du mit einem Satz nach vorn. Brr - ganz schön kalt! Du machst einige kräftige Schwimmzüge und schon spürst du die Kälte nicht mehr. Es fühlt sich wunderbar an - wie ein Bad in Himbeerbrause. Deine Haut kribbelt. Das Wasser riecht nach Moor und Seegras. Und es schmeckt auch so, stellst du fest. Du drehst dich auf den Rücken und lässt dich treiben. Über dir fliegt ein Flugzeug und hinterlässt eine weiße Spur, die sich langsam auflöst. Das Wasser gluckert in deinen Ohren. Es ist ein herrlicher Tag.

Du willst nun wieder an Land zurück. Langsam schwimmst du zum Ufer, doch was ist das? Wieder diese Schlingpflanzen! Wild strampelst du mit den Beinen und befreist dich. Klitschnass rennst du zu deinem Handtuch und rubbelst dich kräftig trocken. Du fühlst dich erfrischt - wie neugeboren!

Name:

Brief an das Wasser

Schreibe den Brief weiter.

Liebes Wasser,

du hast weder Geschmack, noch Farbe, noch Aroma. Es fällt mir schwer, dich zu beschreiben. Man schmeckt dich, ohne einen bestimmten Geschmack nennen zu können.

Du ______________________________

____

____

____

____

Wasser, du bist für mich ______________________________

Dein(e)

____

Name:

Wasserwörter (1)

Die Wolken enthalten Wörter zum Thema „Wasser". Kennst du weitere Wörter? Schreibe sie in die leere Wolke. Ordne dann alle Namenwörter (Nomen) alphabetisch in deinem Heft.

Wähle drei Tunwörter (Verben) aus den Wolken aus. Schreibe sie auf und bilde folgende Formen.

________	________	________
ich ________	ich ________	ich ________
du ________	du ________	du ________
er / sie / es ________	er / sie / es ________	er / sie / es ________
wir ________	wir ________	wir ________
ihr ________	ihr ________	ihr ________
sie ________	sie ________	sie ________

Denke dir zu drei Wiewörtern (Adjektiven) ein Rätsel aus.
Beispiel: Wie fühlt sich ein Mensch, der lange nichts getrunken hat?
Antwort: Durstig.

Name:

Wasserwörter (2)

Bilde zusammengesetzte Namenwörter (Nomen). Unterstreiche das Grundwort rot und das Bestimmungswort blau.

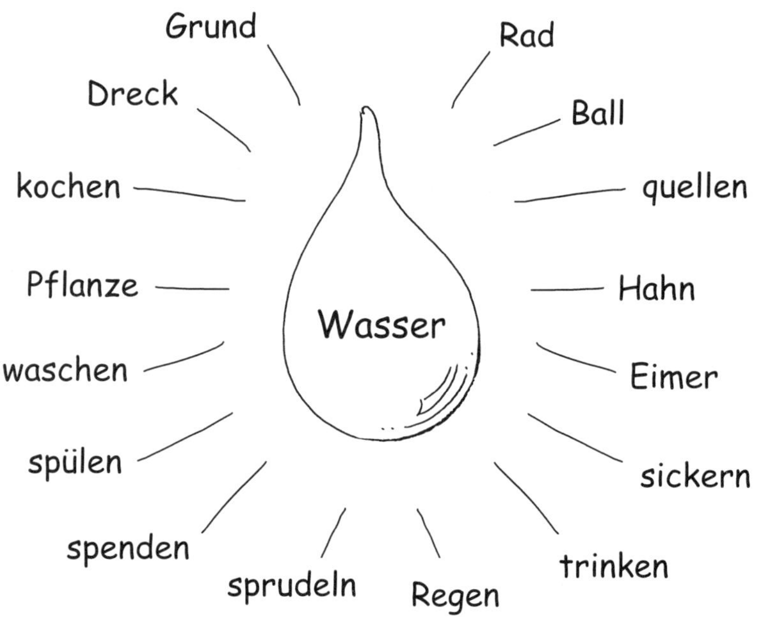

Wasserhahn, ______________

____

____

____

____

____

____

____

____

Aus welchen Teilen bestehen folgende zusammengesetzte Namenwörter (Nomen)? Fülle beide Tabellen weiter aus.

~~Riesendurst~~ Schwimmhaut Meeresboden Trinkbecher
~~Ruderboot~~ Flussmündung Brückenpfeiler

zusammengesetztes Namenwort	=	Namenwort	+	Namenwort
der Riesendurst	=	der Riese	+	der Durst
	=		+	
	=		+	
	=		+	

zusammengesetztes Namenwort	=	Tunwort	+	Namenwort
das Ruderboot	=	rudern	+	das Boot
	=		+	
	=		+	

Die schwimmende Nadel

Du brauchst:
- randvolles Glas mit Wasser
- kleines Stück Löschpapier
- zwei dünne Nadeln
- ein paar Tropfen Spülmittel

So geht's:
1. Wirf eine Nadel in das Glas. Beobachte, was geschieht.
2. Lege das Löschpapier vorsichtig auf die Wasseroberfläche.
3. Platziere die zweite Nadel langsam und sehr behutsam darauf. Warte ab, bis sich das Löschpapier mit Wasser vollgesogen hat und zu Boden sinkt. Was passiert mit der Nadel? Kannst du dir das erklären?
4. Gib anschließend einige Tropfen Spülmittel in das Wasser. Wie verhält sich die Nadel jetzt?

Das Erfrischungsspray

Du brauchst:
- Strohhalm
- kleine Glas- oder Plastikflasche
- Schere

So geht's:
1. Fülle die Flasche mit Wasser.
2. Schneide den Strohhalm etwa 3 cm von einem Ende entfernt ein und knicke ihn ab.
3. Kürze nun den längeren Teil des Strohhalms.
4. Stecke anschließend den Strohhalm mit dem kürzeren Ende in die Flasche, sodass sich die Knickstelle ca. 1 cm über der Wasseroberfläche befindet.
5. Blase jetzt kräftig in das lange Ende des Strohhalms. Aus der Öffnung an der Knickstelle steigt Wasser auf und verteilt sich wie ein Spray in der Luft. Bei großer Hitze kannst du so deine Freunde erfrischen.

Eierzauberei

Lass dir bei diesem Versuch von einem Erwachsenen helfen, damit du dich mit dem heißen Wasser nicht verbrühst.

Du brauchst:

- Babyfläschchen ohne Sauger
- hart gekochtes und geschältes Ei
- Geschirrtuch

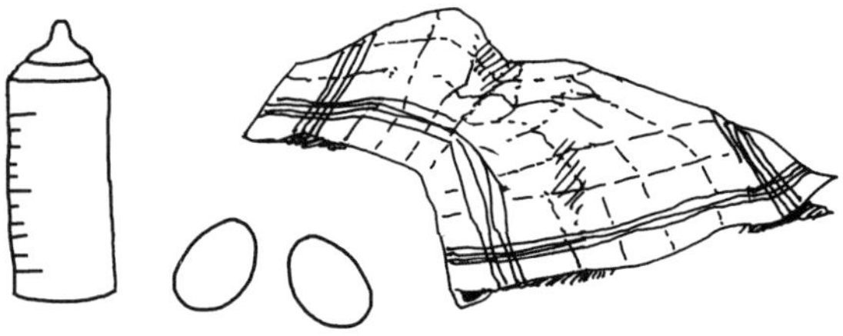

So geht's:

1. Bringe Wasser zum Kochen und fülle die Babyflasche bis zum Rand.
2. Halte die Flasche mit dem Tuch – sie ist sehr heiß!
   Gieße das Wasser nach etwa 20 Sekunden ins Spülbecken.
3. Setze das Ei sofort in die Flaschenöffnung.
4. Warte ab, was passiert.

Die schwitzende Pflanze

Du brauchst:

- Topfpflanze mit vielen grünen Blättern
- Wasser zum Gießen
- Frischhaltetüte
- Schnur
- Schere

So geht's:

1. Gieße die Pflanze.
2. Stülpe die Tüte vorsichtig über die Pflanze.
   Ist die Pflanze sehr groß, verpacke nur das Ende eines Zweiges. Binde das offene Ende der Tüte mit der Schnur vorsichtig zu.
3. Stelle die Pflanze an einen sonnigen Ort.
4. Beobachte jeden Tag, was passiert.

Das Spülmittelboot

Du brauchst:
- ein Stück Pappe
- Schere
- Spülmittel
- eine mit Wasser gefüllte Wanne
- Strohhalm

So geht's:
1. Schneide die Vorlage aus und klebe sie auf einen festen Pappkarton.
2. Schneide die Form aus dem Karton aus.
3. Fülle Wasser in eine Wanne, sodass es mindestens 5 cm hoch steht.
4. Gib einen Tropfen Spülmittel in die runde Aussparung des Boots und setze es ins Wasser. Schon saust es los.

✂

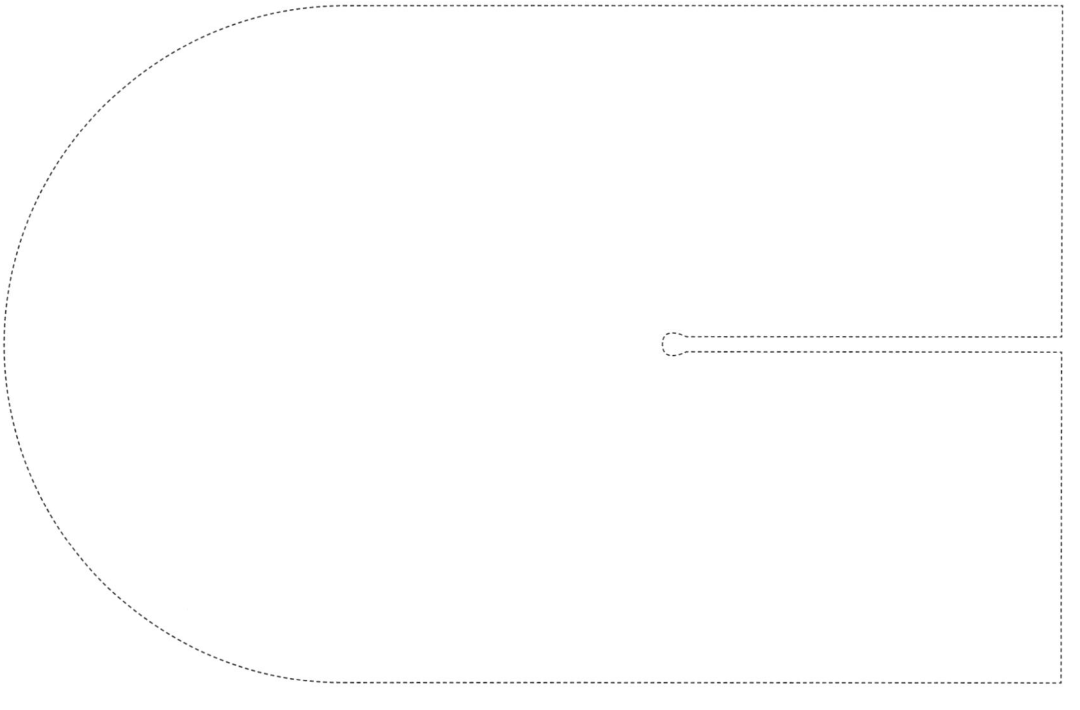

Das Wassertröpflein

Tröpflein muss zur Erde fallen,
Muss das zarte Blümchen netzen,
Muss mit Quellen weiter wallen,
Muss das Fischlein auch ergötzen,
Muss im Bach die Mühle schlagen,
Muss im Strom die Schiffe tragen.
Und wo wären denn die Meere,
Wenn nicht erst das Tröpflein wäre.

Johann Wolfgang von Goethe

Wie entsteht Regen? (1)

Schneide die Kärtchen aus. Ordne die Kärtchen und klebe sie in der richtigen Reihenfolge auf das zweite Blatt.

✂

Ein Teller mit Eiswürfeln wird auf das Gefäß mit dem dampfenden Wasser gestellt. Der Wasserdampf stößt daran und verdichtet sich in kurzer Zeit zu größeren Tröpfchen, die als kleine Wolke sichtbar werden.

Wird die Wolke zu schwer, fallen die Tropfen als Regen zu Boden.

Mit dem Wasserkocher wird das Wasser erhitzt.

Das Wasser verdunstet an der Wasseroberfläche und steigt als Wasserdampf mit der warmen Luft nach oben.

Das heiße Wasser wird in ein durchsichtiges, hohes Gefäß gefüllt. Der Wasserdampf steigt nach oben.

Je höher die warme Luft steigt, desto kühler wird es. In den kalten Luftschichten verdichten sich die kleinen Wasserteilchen zu größeren Tropfen, die dann eine Wolke bilden. Man sagt, sie kondensieren.

Nach einiger Zeit sammeln sich große Wassertropfen an der Unterseite des Tellers, die dann wieder zurück in das Gefäß fallen.

Der Weg der Wassertropfen beginnt im Meer mit der Erwärmung durch die Sonne.

Name:

Wie entsteht Regen? (2)

Im Klassenzimmer

1.

2.

3.

4.

In der Natur

1.

2.

3.

4.

Name:

Wohin versickert das Wasser?

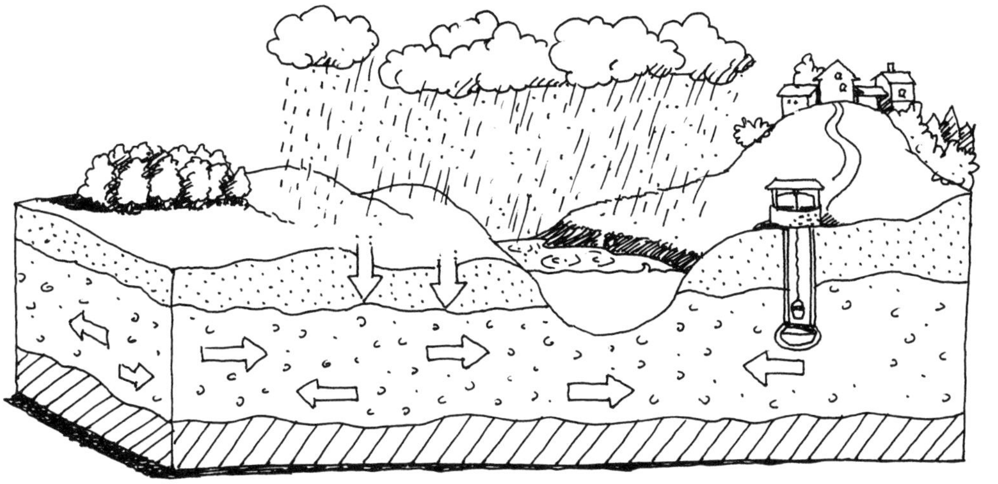

Fülle die Lücken im Text. Verwende folgende Wörter:

erreicht sammelt regnet stößt bildet sickert

Das Wasser, das aus den Wolken auf die Erde ______________, wird zu etwa 20% vom Erdreich aufgenommen. Es ______________ dann durch verschiedene Bodenschichten immer tiefer, bis es auf eine wasserundurchlässige Erdschicht ______________.

Dort ______________ sich ein großer unterirdischer Wasservorrat, das so genannte „Grundwasser". Das Grundwasser ______________ jedoch keinen unterirdischen See, sondern ist vielmehr ein Wasservorkommen, das in kleinen Bodenpartikeln gebunden ist, ähnlich wie in einem Schwamm. Es gibt auch Grundwasservorkommen in tieferen Schichten, die das Regenwasser erst nach jahrelanger Reise ______________.

Wie kann das Grundwasser wieder an die Oberfläche treten?
Trage richtig ein: als See, als Quelle, im Brunnen.

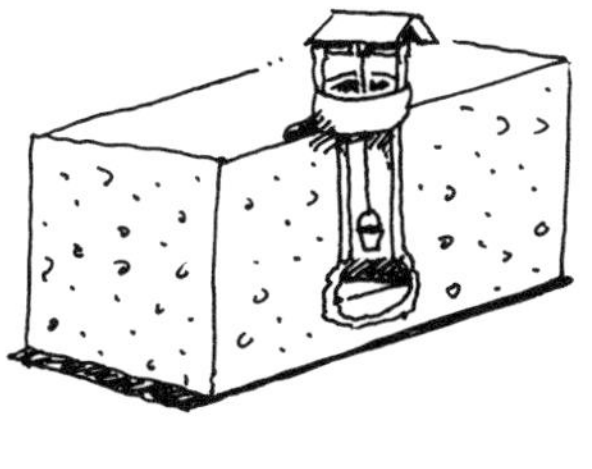

____

____

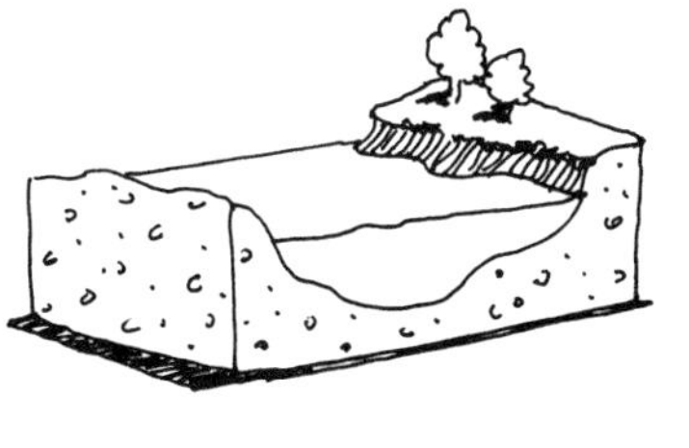

____

Name:

Wasserdrehscheibe

Schreibe die passenden Tunwörter (Verben) auf die Zeilen der Scheibe.

erwärmen

münden

verdunsten

kondensieren

regnen

fließen

versickern

quellen

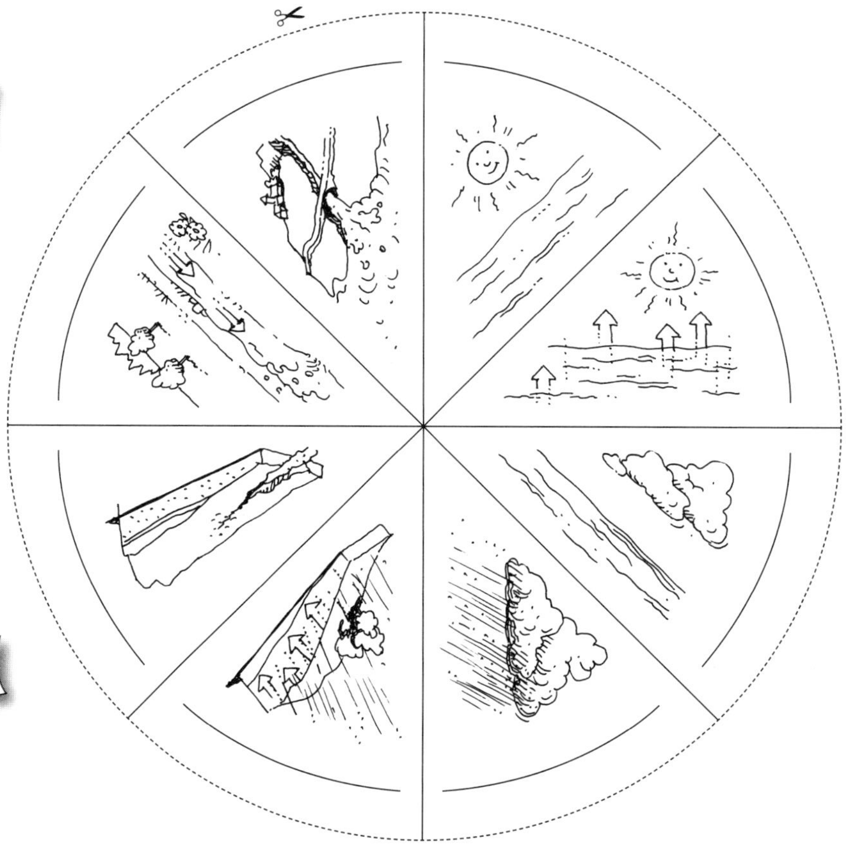

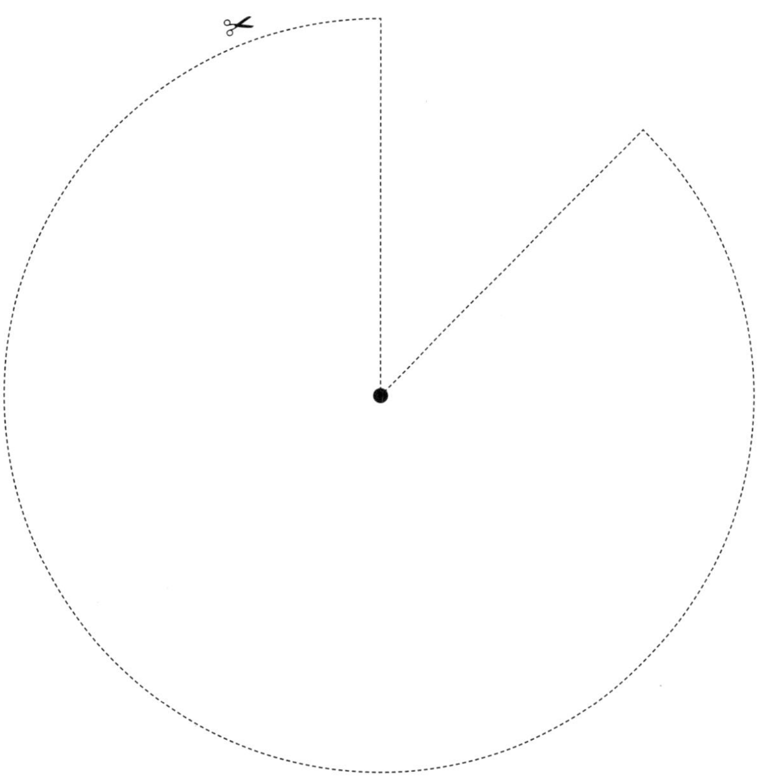

Bastle die Drehscheibe.

- Schneide die beiden Scheiben an den gestrichelten Linien aus.
- Lege die kleinere Scheibe in die Mitte der großen Scheibe. Befestige sie mit einer Musterklammer.
- Drehe die untere Scheibe im Uhrzeigersinn. So kannst du den Weg des Wassers verfolgen.

Name:

Wasserrätsel

Löse das Kreuzworträtsel.

1. Was tun die Wasserteilchen, die von der Wasseroberfläche aufsteigen?
2. Was macht die Sonne mit dem Oberflächenwasser?
3. Die chemische Formel lautet H_2O.
4. So nennt man es, wenn es donnert und blitzt.
5. Dort entspringt das Wasser aus der Erde.
6. Er ist feucht und liegt morgens auf Wiesen und Blättern.
7. Dort gehst du gerne baden.
8. Was macht das Regenwasser im Boden?
9. Diese Bodenschicht lässt kein Wasser durch.
10. Durch ihn kommt das Grundwasser ans Tageslicht.
11. Sie fallen auf uns herab.
12. Das muss man mit dem Wasser tun, damit es uns erhalten bleibt.

Lösungswort:

Kleiner Brunnenführer von

____

erstellt von: ______________________

Der Brunnen heißt: ______________________

Dort steht er: ______________________

So sieht er aus:

So weit reicht sein Wasserstrahl: ______

Seine Wassertemperatur beträgt: ______

So hört er sich an: ______

Diese Wiewörter (Adjektive) fallen mir zu dem Brunnen ein:

______

Diese Tunwörter (Verben) fallen mir ein:

______

Mein Name für den Brunnen: ______

Weitere Informationen über den Brunnen:

______
______
______
______
______
______
______
______

4. Kapitel: Malen und basteln

Vorbemerkung

Die folgenden Mal- und Bastelarbeiten passen thematisch zu den vorausgehenden Kapiteln und ermöglichen ein fächerübergreifendes Lernen. Die einzelnen Arbeiten können auch ohne die Einbettung in eine bestimmte Sequenz im Kunstunterricht umgesetzt werden.

Die Natur bietet im Sommer eine Fülle an Material, das dabei zum Einsatz kommen kann. Beziehen Sie die Kinder beim Sammeln von Sommerblüten, Gräsern, Blättern, Muscheln, Steinen usw. mit ein. Dann ist es leichter, ausreichend Material für die ganze Klasse zu finden.

Lehrplanbezug

Kunst

- Natur als Künstlerin
- Naturgegenstände kombinieren
- sich von sommerlichen Motiven inspirieren lassen
- Mischtechniken erlernen

Fremdsprache

- Für Kontakte zu Personen mit anderer Muttersprache aufgeschlossen sein

Mathematik

- Achsensymmetrische Formen durch spiegelbildliches Ergänzen zeichnen

Anregungen für den Unterricht

Sommergedicht

Ein eigenes Gedicht oder eine selbst verfasste Geschichte verdient eine schöne Gestaltung. Jedes Kind sucht sich einen Bogen Tonpapier in seiner Lieblingsfarbe aus. Erinnern Sie die Kinder vor dem Schönschreiben daran, am Rand genug Platz zu lassen. Je nach Länge der Geschichte oder des Gedichts ziehen die Schüler mit Bleistift dünne Schreiblinien, auf die sie ihre Texte schreiben. Anschließend radieren sie die Zeilen vorsichtig wieder weg.

Je nach Thema wählen die Kinder Bilder oder Fotos aus und ordnen sie am Rand an. Sehr schön sehen gepresste Blüten von Sommerblumen und Gräser aus. Sie können vorsichtig mit Flüssigkleber befestigt werden. Auch eine Seite eines Reisekatalogs oder ein Kalenderblatt, das auf das Tonpapier geklebt wird, kann als Hintergrund für eine selbst geschriebene Geschichte dienen.

Lochen Sie die fertigen Bögen der Kinder und binden Sie sie mit einer Schleife zu einem schönen Sommerbuch.

Zu den Kopiervorlagen

KV Seite 82

Sommerliches Lesezeichen

Vor den Sommerferien ist oft noch Zeit für eine gemeinsame Klassenlektüre. Dafür können Sie mit den Kindern ein lustiges Lesezeichen gestalten. Zeigen Sie Ihrer Klasse als Einstieg ein Bild einer leckeren Eistüte. Die Kinder erfinden dazu in Partner- oder Gruppenarbeit kurze Reime, z. B.: „Ist dir heiß, gönn dir ein Eis!“, „Es ist so heiß, ich will jetzt Eis!“, „Dreimal schleck, das Eis ist weg!“ Sammeln Sie die Sprüche an der Tafel.

Jedes Kind benötigt Tonpapier in einer sommerlichen Farbe. Die Kinder schneiden die Vorlage aus, kleben sie auf das Tonpapier und schneiden den Umriss des Lesezeichens aus. Nun falten die Schüler ihr Lesezeichen in der Mitte nach hinten und an der zweiten Faltlinie nach oben. In den geöffneten Mund schreiben die Kinder ihren Lieblingsspruch. Abschließend können sie an den gelochten, unteren Rand ihres Lesezeichens ein Bändchen knoten und die Vorlage bunt anmalen.

Weitere Vorschläge für sommerliche Lesezeichen:

- Die Kinder schreiben ihr Sommer-Elfchen (vgl. Seite 19) auf einen Streifen Tonpapier, der laminiert und mit einem farbigen Bändchen versehen wird. Das Schreiben des Elfchens erhält so einen zusätzlichen Anreiz, weil es unmittelbar Verwendung findet.
- Die Kinder sammeln Blüten und Blätter und pressen diese zwischen zwei Seiten eines dicken Buchs. Mit

Flüssigkleber werden die Pflanzen auf Tonpapier geklebt und mit Folie überzogen. Ein farbiges Bändchen schmückt das Lesezeichen.

KV Seite 83

Wir mischen Gelbtöne

Lesen Sie zur Einführung die Geschichte „In der Wüste" aus dem 2. Kapitel (Seite 36) vor, ohne den Ausgang der Geschichte zu verraten. Wie sieht es dort wohl aus?

Legen Sie im Sitzkreis Stoff- und Papierfetzen in verschiedenen Gelbtönen sowie in anderen Farben aus. Welche Farben passen zu der Geschichte?

Die Kinder wählen die entsprechenden Stoff- und Papierstücke aus und kleben sie auf ein Plakat. Erklären Sie den Begriff „Gelbtöne" und schreiben Sie ihn groß auf das Plakat. Teilen Sie dann das Arbeitsblatt aus. Die Kinder experimentieren nach den Mischvorgaben selbst mit den Farben und finden heraus, dass beim Mischen von Gelbtönen die Farbe Gelb überwiegen muss. Als Sicherung ergänzen sie die fehlenden Begriffe auf dem Blatt.

Lesen Sie zum Abschluss die „Wüstengeschichte" nochmals vor. Auf ein DIN-A4-Blatt, das vorher mit einem Schwamm angefeuchtet wird, malen die Kinder den Sand in unterschiedlichen Gelbtönen. Dabei achten sie auf fließende Farbübergänge.

Lösung

Aufgabe 1:

Die Farben Rot, Blau und Gelb nennt man Grundfarben. Wir mischen die Grundfarbe Gelb mit anderen Farben. Dadurch entstehen so genannte Mischfarben.

Aufgabe 2:

Folgende Farben entstehen: Orange, Ocker, Hellgelb, Grün, Braun, Rot.

Beim Mischen von Gelbtönen muss die Farbe Gelb überwiegen.

KV Seite 84

Wüstenpalast

Knüpfen Sie an das Arbeitsblatt „Wir mischen Gelbtöne" an. Lesen Sie die Geschichte von Seite 36 mit folgendem Schluss vor: „Beinahe bist du mit deiner Kraft am Ende. Doch auf einmal entdeckst du am Horizont eine Stadt. Du traust deinen Augen nicht. Eine Stadt wie aus dem Märchen. Reich verzierte Türme mit glänzenden Kuppeln und prunkvollen Palästen – du bist gerettet".

Nach dieser Einstimmung ergänzen die Kinder auf der Kopiervorlage das Spiegelbild des Wüstenpalasts. Dazu falten Sie das Blatt an der senkrechten Symmetrieachse und stechen mit einer Nadel an markanten Punkten durch. Das erleichtert es ihnen, die gespiegelte Hälfte des Palastes zu zeichnen. Dabei wiederholen die Kinder das Thema der „Achsensymmetrie" aus dem Mathematikunterricht.

Anschließend können die Kinder auf einem Zeichenblatt weitere Bauwerke einer Wüstenstadt entwerfen. Mit einem etwas dickeren Filzstift gestalten sie die Muster der Gebäude. Hängen Sie als Anregung Bilder von orientalischen Palästen und Mosaiken auf. Nun schneiden die Schüler die Silhouette ihrer Stadt und ihres Wüstenpalasts sauber aus und kleben ihre Werke auf einen „Sandhintergrund" (vgl. Anmerkungen zur Kopiervorlage „Wir mischen Gelbtöne").

Betrachten und würdigen Sie die Wüstenstädte zusammen mit den Kindern. Achten Sie dabei auf fließende Übergänge der Gelbtöne beim Hintergrund, auf reich verzierte Gebäude, abwechslungsreiche Muster, schöne Formen sowie Hell-Dunkel-Kontraste.

KV Seite 85

Urlaub in der Schachtel

Bereiten Sie für die Bastelarbeit Streichholzschachteln entsprechend der Anzahl Ihrer Schüler vor oder lassen Sie sie von den Kindern mitbringen. Sammeln Sie außerdem kleine Fundstücke (z. B. kleine Muscheln, getrockneten Seetang, Kiesel, Sand, Schnur, Federn) und legen Sie die Sachen in eine Fühlkiste.

Gehen Sie als Einstimmung mit den Schülern auf eine Fantasiereise in fremde Länder (vgl. 2. Kapitel, Seite 31). Stellen Sie den Kindern dann das Material in der Fühlkiste vor. Die Schüler ertasten die Gegenstände und erzählen, was ihnen dazu einfällt: Wo könnten die Sachen herkommen? Wo haben sie gelegen? Wie sieht es dort aus?

Die Kinder stellen die möglichen Fundorte verkleinert dar. Diese Aufgabe erfordert Geduld und schult die feinmotorischen Fähigkeiten. Zuerst bemalen die Schüler den Innenteil der Streichholzschachtel. Auch ein Bild aus

einem Katalog oder von einer Postkarte kann als Hintergrund dienen. Dann befestigen die Kinder die kleinen Fundstücke mit Klebstoff in der Schachtel und gestalten die Hülle der Streichholzschachtel: Sie schneiden ein Bild aus einem Reisekatalog oder aus einer Postkarte in der passenden Größe aus und kleben es auf. Zum Abschluss betrachten die Schüler die fertigen Streichholzschachteln und äußern sich dazu. Wem fällt eine Geschichte zu seiner Schachtel ein?

KV Seite 86

Mein kleiner Sprachführer

Viele Schüler verreisen in den Sommerferien. Basteln Sie mit den Kindern als Vorbereitung auf den Urlaub in einem fremdsprachigen Land einen kleinen Sprachführer, den sie mit auf die Reise nehmen können. Die Schüler lernen dadurch, in einem fremden Land offen und aufmerksam zu sein. Gleichzeitig werden sie angeleitet, ihre Umgebung und die Menschen genau zu beobachten. Die Kinder, die in den Ferien nicht verreisen oder an einem deutschsprachigen Ort Urlaub machen, dürfen ein Land auswählen, das sie besonders mögen oder das sie in der Vergangenheit bereist haben.

Zunächst gestalten die Schüler das Deckblatt des Notizblocks mit der Flagge des Urlaubslandes. Unterstützen Sie die Kinder bei dieser Aufgabe: Stellen Sie ihnen einen Atlas zum Nachschlagen zur Verfügung oder legen Sie eine Folienkopie mit einigen Flaggen (Italien, Spanien, Frankreich, Niederlande …) als Hilfe auf den Overheadprojektor.

Sprechen Sie mit den Kindern darüber, welche Vokabeln sie oft im Urlaub brauchen und welche Wörter sie von früheren Urlaubsreisen ins Ausland schon kennen. Halten Sie wichtige Begriffe an der Tafel fest (z. B. Brot, Milch, Tisch, Sonne, Meer). Die Schüler malen auf jede Seite ihres Notizblocks einen Gegenstand und ergänzen weitere Begriffe individuell. In den Ferien schreiben die Kinder dann auf, wie der jeweilige Gegenstand in der Landessprache heißt. Kinder, die zu Hause bleiben, ziehen ein Wörterbuch oder die Eltern zurate. Beziehen Sie auch Kinder ein, die Deutsch als Zweitsprache lernen: Vielleicht können Sie schon einige Begriffe aus Ihrer Muttersprache für den Sprachführer eines Mitschülers übersetzen.

KV Seite 87/88

Wasserwesen

Lesen Sie als Einstimmung folgendes Gedicht bis Zeile 6 vor, ohne den Titel zu nennen:

Die Jungfrau im Meer

In den Tiefen des Meeres da schwimmt sie umher,
wer sie erblickt, der wundert sich sehr.
Wer ist es, der dort unten schwimmt?
Ist es etwa ein Meereskind?
Schimmernde Schuppen, ein kräftiger Schwanz,
bezaubernd ist ihr Wellentanz.
Mal taucht sie durch die Fluten geschwind,
dann sitzt sie mit Neptun auf dem Felsen im Wind.
Auch er ist entzückt von ihrer Schönheit so sehr,
drum bleibt er auf ewig bei der Jungfrau im Meer.

Uta Hauck-Thum

Lassen Sie die Kinder raten, wer in dem Gedicht beschrieben wird. Die Kinder kommen sicher bald auf die Lösung und erzählen, was sie über Meerjungfrauen wissen. Halten Sie die Ergebnisse stichpunktartig an der Tafel fest. Tragen Sie nun das ganze Gedicht vor und erklären Sie, dass Neptun in der römischen Mythologie der Gott der Meere war.

Die Kopiervorlage bietet eine kreative Umsetzung des Gedichts. Die Schüler basteln wahlweise eine Meerjungfrau oder Neptun.

Zunächst malen die Kinder die Styroporkugel, die einen Felsen darstellen soll, mit Plakafarbe grau an. Zum Anmalen und Trocknen wird die Kugel am besten auf einen Holzspieß gesteckt.

Während die Kugel trocknet, gestalten die Schüler ihr Wasserwesen. Dazu schneiden sie die Vorlagen für die Figur aus und übertragen die Umrisse mit Bleistift auf rosa- oder orangefarbenes Tonpapier. Für Neptun übertragen oder zeichnen die Kinder zusätzlich den Dreizack auf braunes und für die Meerjungfrau den Fisch auf graues Tonpapier.

Achten Sie darauf, dass die Kinder die Figuren nur bis zur Taille zusammenkleben. Der Fischschwanz bleibt offen. Den Dreizack und den Fisch kleben die Schüler auf die Hand des Neptun bzw. der Meerjungfrau.

Nun zeichnen die Kinder ihren Figuren Gesichter und gestalten die Haare mit Märchenwolle oder Watte. Der Meerjungfrau malen die Kinder ein Bikinioberteil oder kleben es aus Folie oder Glitzerpapier auf. Für den Fischschwanz schneiden oder reißen die Schüler kleine Stücke aus Alufolie und befestigen sie als „Schuppen“ mit Kleber.

Damit die Figur später im Wasser nicht kippt, wird um die Styroporkugel eine dünne Schnur geknotet, an der ein Stein befestigt wird. Helfen Sie den Kindern, damit die Schnur später nicht rutscht. Ziehen Sie den Faden so fest, dass er leicht in das Styropor einschneidet. Der Faden muss etwas kürzer sein als die Tiefe des Wassers, in dem die Wasserwesen später schwimmen.

Zuletzt kleben die Kinder ihre Figur bis etwa 3 cm unterhalb der Taille mit Styroporkleber auf die Kugel. Achten Sie darauf, dass die Meereswesen auf dem Knotenpunkt der Schnur befestigt werden. Der untere Teil der Schwanzflosse bleibt offen und hängt mit einem Teil auf der Vorderseite und mit dem anderen auf der Rückseite der Figur hinunter.

Lassen Sie die Meerjungfrauen und Meeresgötter in einem Wasserbecken schwimmen, das Sie mit Seerosenblättern aus Moosgummi dekorieren können.

KV Seite 89

Mein Aquarium

Achten Sie darauf, dass die Gläser für die Aquarien keine Muster haben, sonst können die Kinder die Fische schlecht sehen. Außerdem sollten die Schüler vor dem Anmalen der Fische testen, ob diese die richtige Größe haben. Bei einem kleinen Glas reicht ein einziger, besonders schöner Fisch.

Sommerliches Lesezeichen

Du brauchst:
- Tonpapier
- Schere
- Kleber
- Bändchen (ca. 10 cm lang)

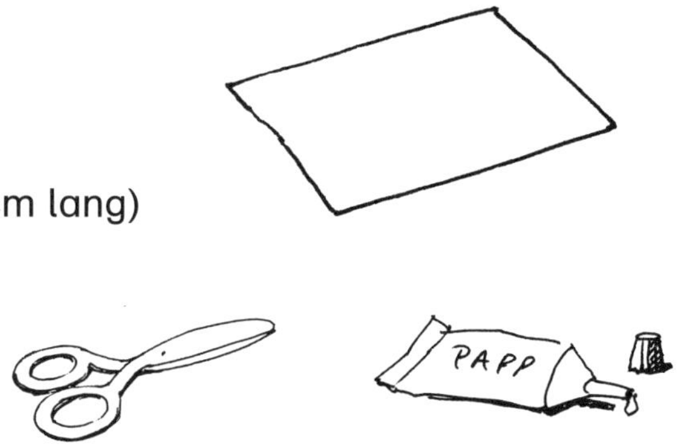

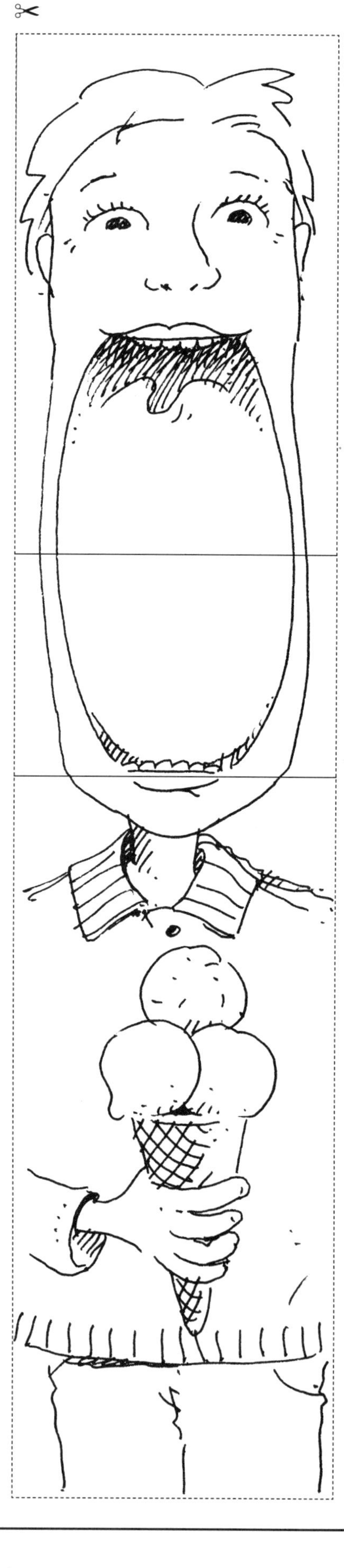

So geht's:
1. Klebe die Bildvorlage auf Tonpapier und schneide den Umriss aus.
2. Falte dein Lesezeichen in der Mitte nach hinten. Knicke anschließend an der zweiten Faltlinie nach oben, sodass sich der Mund schließt.
3. Schreibe deinen Lieblingsspruch in den geöffneten Mund.
4. Loche dein Lesezeichen am unteren Rand, knote ein Bändchen fest und male das Bild bunt an.

Name:

Wir mischen Gelbtöne

Ergänze.

Die Farben __________, __________ und __________ nennt man Grundfarben.

Wir mischen die Grundfarbe Gelb mit anderen Farben.

Dadurch entstehen so genannte ____________________.

Male die Kreise mit den angegebenen Wasserfarben aus.
Mische die Farben dann so, dass ein Gelbton entsteht. Wann klappt es nicht?

Gelb	◯	+	Rot	◯	=	◯	____________________
Gelb	◯	+	Braun	◯	=	◯	____________________
Gelb	◯	+	Weiß	◯	=	◯	____________________
Gelb	◯	+	Blau	◯	=	◯	____________________
wenig Gelb	◯	+	viel Braun	◯	=	◯	____________________
wenig Gelb	◯	+	viel Rot	◯	=	◯	____________________

Beim Mischen von Gelbtönen muss die Farbe Gelb ____________________.

Wenn du mehr Wasser oder Deckweiß nimmst, kannst du die Gelbtöne weiter verändern. Schaffst du es, dass deine Farben immer heller werden?

◯ Gelb + Braun ⇨ ◯ Gelb + Braun + Wasser ⇨ ◯ Gelb + Braun + Weiß ⇨ ◯ Gelb + Rot ⇨ ◯ Gelb + Rot + Wasser ⇨

◯ Gelb + Rot + Weiß ⇨ ◯ Gelb ⇨ ◯ Gelb + Wasser ⇨ ◯ Gelb + Weiß

Name:

Wüstenpalast

Male das Wüstenbild fertig.

Urlaub in der Schachtel

Du brauchst:

- leere Streichholzschachtel
- Wasserfarben oder Filzstifte
- Kataloge oder Postkarten mit Urlaubsbildern
- kleine Fundstücke (z. B. Muscheln, Schneckenhäuser, Steine, Korken, getrocknetes Seegras, Moos, Federn, Schnur)
- Schere, Klebstoff

So geht's:

1. Male mit Wasserfarben oder Filzstiften einen Hintergrund in die Streichholzschachtel.
2. Schneide aus Katalogen oder Postkarten kleine Motive aus.
   Klebe sie in die Schachtel.
3. Lege kleine Fundstücke in die Schachtel und klebe sie vorsichtig fest.
4. Beklebe die Hülle der Schachtel mit Bildern.

Mein kleiner Sprachführer

Wenn du in den Sommerferien ins Ausland fährst, hilft dir dein kleiner Sprachführer in vielen Situationen weiter.

Du brauchst:
- kleinen Notizblock
- Buntstifte
- Tonpapier
- Klebstoff
- Schere

So geht's:
1. Suche die Flagge deines Urlaubslandes in einem Atlas oder Lexikon.

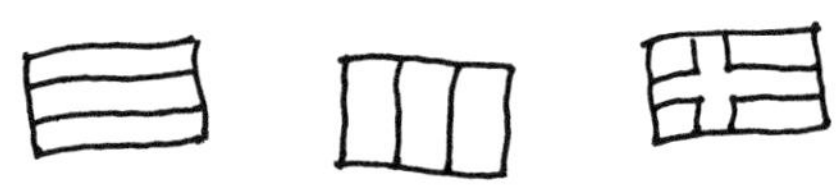

2. Schneide die entsprechenden Teile der Flagge aus Tonpapier aus und klebe sie auf das Deckblatt deines Notizblocks. Hat der Notizblock bereits ein Bild, überklebe es vorher mit Buntpapier.
3. Male auf jede Seite des Blocks Gegenstände, die dir im Urlaub häufig begegnen, z. B.: Brot, Milch, Auto.
4. Wenn du möchtest, kannst du auch kurze Fragen und Sätze notieren: Guten Tag! Guten Abend! Wie heißt du? Wie geht's?
5. Versuche im Urlaub herauszufinden, wie die Begriffe in der Fremdsprache heißen. Notiere dir auch die Aussprache. Ein Wörterbuch hilft dir das Wort richtig aufzuschreiben.

Wasserwesen (1)

Du brauchst:
- eine Styroporkugel (Durchmesser ca. 8 cm)
- Tonpapier (rosa oder orange, hellbraun, grau)
- Alu- oder andere Glitzerfolie
- Märchenwolle oder Watte
- Plakafarben
- Filzstifte
- Schere
- Flüssigkleber
- Styroporkleber
- eine dünne Schnur (ca. 50 cm)
- einen Stein (Durchmesser ca. 3 cm)

So geht's:
1. Male die Styroporkugel mit Plakafarbe grau an. Sie stellt den Felsen dar, auf dem deine Figur später sitzt.
2. Entscheide dich, ob du die Meerjungfrau oder Neptun basteln willst. Schneide die Vorlagen aus, lege sie auf Tonpapier und zeichne die Umrisse nach. Schneide die Figur zweimal, den Fisch oder den Dreizack aus.
3. Klebe die beiden Figuren vom Kopf bis zur Taille zusammen.
4. Male mit Filzstiften das Gesicht deiner Figur.
5. Klebe die Haare aus Märchenwolle oder Watte auf und den Fisch oder den Dreizack auf die Hand.
6. Male die Kleidung deiner Figur mit Filzstiften oder bastle sie aus Folie. Schneide oder reiße kleine Stücke aus Alufolie und klebe die „Schuppen" auf den Fischschwanz.
7. Binde die Schnur an der Styroporkugel fest, sodass ein langes Stück herunterhängt.
8. Knote den Stein an dem langen Ende der Schnur fest.
9. Klebe die Figur mit Styroporkleber auf die Kugel. Achte darauf, dass die Figur oben sitzt. Die Schwanzflosse bleibt lose.
10. Lass deine Figur im Wasser schwimmen.

Wasserwesen (2)

Mein Aquarium

Du brauchst:
- glattes Marmeladen- oder Senfglas mit Deckel
- Papier
- Schere
- Faden
- Klebstoff
- Klebeband
- Filzstifte
- Glitzerfolie
- Sand
- Muscheln, getrocknetes Seegras, Algen, Flechten usw.

So geht's:
1. Falte das Papier in der Mitte. Zeichne je nach Größe deines Glases die Umrisse mehrerer kleiner Fische auf die eine Seite. Du kannst auch Seesterne oder ein Seepferdchen malen.
2. Schneide die Fische aus. Du erhältst jeweils deckungsgleiche Fische.
3. Lege ein Stück Faden (ca. 10 cm lang) zwischen zwei Fische und klebe sie aufeinander.
4. Male die Fische von beiden Seiten mit Filzstiften an. Beklebe sie mit einigen Glitzerschuppen.
5. Gib etwas Sand in das Glas und lege Muscheln, Steine, Algen usw. auf den Sand.
6. Klebe den Faden, an dem deine Fische hängen, mit Klebeband an die Innenseite des Deckels. Achte darauf, dass die Fische an verschiedenen Stellen deines Aquariums hängen.

5. Kapitel: Spiele und Tänze

Vorbemerkung

Kinder müssen in der Schule meist stundenlang sitzen, die wenigen Sportstunden schaffen dafür nicht genügend Ausgleich. Auch in der Freizeit haben viele Schüler leider keine Gelegenheit, sich ausreichend zu bewegen. Dabei gibt es zahlreiche Spielmöglichkeiten, die sich gerade in den Sommermonaten anbieten und den Kindern viel Freude bereiten.

Bewegungsparcours kommen ohne großen Aufwand dem Bewegungsdrang der Kinder nach und sind bei schlechtem Wetter auch im Klassenzimmer möglich.

Bei sommerlichen Exkursionen darf es ruhig mal etwas wilder zugehen: Körperliche Bewegung fördert die Durchblutung im Gehirn und erhöht so die Leistungs- und Konzentrationsfähigkeit der Kinder in den folgenden Stunden.

Ruhigere Rollenspiele, Pantomime oder ein Tanz schaffen eine willkommene Abwechslung und geben wieder Schwung für neue Projekte.

Nicht nur die Wiese oder der Hartplatz eignen sich für Betätigungen im Freien – die Weitsprunggrube kann gut für kleine Spiele genutzt werden. Den Kindern macht es z. B. großen Spaß, wenn Sie mit ihnen zur Auflockerung des Deutschunterrichts 10 Minuten nach draußen gehen und gemeinsam die aktuellen Lernwörter in den Sand schreiben.

Während sich die meisten Beschäftigungen aus diesem Kapitel problemlos sowohl drinnen als auch draußen umsetzen lassen, sollten Sie die Ideen zum Thema „Wasser“ unbedingt im Freien ausprobieren. Die letzten Unterrichtsstunden eignen sich dafür am besten, da die Kinder anschließend nach Hause gehen und sich umziehen können.

Lehrplanbezug

Sport
- Gesundheitserziehung
- Allgemeine Ausdauer, Haltungsschule, Beweglichkeit
- Bewegungserleben, Körpergefühl, Entspannung
- Spielen
- Musik in Bewegung umsetzen
- Verschiedene Tanzelemente aneinanderreihen

Englisch
- Wortschatz „Körperteile“

Anregungen für den Unterricht

Wie beim Klassenkochbuch (vgl. 6. Kapitel, Seite 109) lassen sich beliebte Kinderspiele zu einem Buch zusammenfassen. Die Kinder schreiben ihre Lieblingsspiele auf und probieren sie gemeinsam aus.

Als Einstimmung auf den Tag, zum Stundenwechsel oder wenn die Klasse einen unruhigen Tag hat, ermöglicht ein kleines Auflockerungsspiel, Gemeinschaft zu erleben, abzuschalten und wieder neue Kraft zu schöpfen.

Im Steh- oder Sitzkreis gelingt dies am besten. Leise Musik schafft während der ruhigeren Spiele zusätzlich eine angenehme Atmosphäre. Durch den Einsatz sommerlicher Materialien machen die Kinder vielfältige Sinneserfahrungen und lernen ihre Empfindungen auszudrücken.

Was habe ich in meiner Tasche?
Bilden Sie mit den Kindern einen Stehkreis. Beginnen Sie das Spiel mit dem Satz: „Mal sehen, was ich in meiner Hosentasche so alles finden kann.“ Stellen Sie pantomimisch dar, welche Gegenstände Sie aus Ihrer Hosentasche nehmen. Die Kinder geben diese dann im Kreis weiter.
Beispiele:
- einen Marienkäfer (krabbelt, man muss aufpassen, dass er nicht fortläuft)
- einen Eiswürfel (kühlt an heißen Tagen)
- eine Handvoll Sand (kann durch die Finger rieseln)
- einen kleinen Frosch (fühlt sich nass und glitschig an)
- eine Vogelfeder (kann in die Luft gepustet werden)

Was fehlt?
In der Mitte des Sitzkreises liegen unterschiedliche sommerliche Gegenstände (z. B. Muscheln, Postkarten, Badehose, Gummiente, Andenken). Die Kinder schließen die Augen, ein Gegenstand wird entfernt. Was fehlt? Das Kind, das richtig geraten hat, darf als Nächstes etwas wegnehmen.

Was war das?
Die Schüler bilden einen Sitzkreis und schließen die Augen. Jedes Kind bekommt einen kleinen Gegenstand in die Hand, den es kurz befühlen soll. Anschließend sammeln Sie die Dinge ein und verteilen sie in der Mitte des Kreises. Jetzt dürfen die Augen geöffnet werden. Jedes Kind beschreibt, wie sich sein Gegenstand angefühlt hat. Alle Kinder überlegen gemeinsam, wer welchen Gegenstand in der Hand hatte.

Ice cream
Dieses englische Spiel funktioniert wie ein Abzählreim. Die Kinder bilden einen Stehkreis, strecken beide Arme nach vorn und ballen ihre Hände zu Fäusten. Ein Kind steht im Kreisinneren und geht im Uhrzeigersinn herum. Dabei berührt es eine Faust nach der anderen. Alle Kinder rufen: *Ice cream, ice cream in a dish. How many ice lollies do you wish?* Das Kind, dessen Faust beim Wort *wish* an der Reihe ist, wünscht sich eine Zahl *between one and ten*, z. B. *three*. Nun zählen alle auf Englisch mit. Die Faust, auf die bei *three* gedeutet wird, muss hinter den Rücken genommen werden. Nun wird erneut abgezählt: *Ice cream, ice ceam …* Sieger ist das Kind, dessen Faust zuletzt noch übrig ist.

Zu den Kopiervorlagen

KV Seite 95–97

Ausflug an den Strand / Bergwanderung
Der Bewegungsparcours erfordert keine große Vorbereitung und kann z. B. zur Auflockerung beim Stundenwechsel eingesetzt werden.

Kopieren Sie die Bilderfolge (Seite 95) auf Folie und projizieren Sie den Bewegungsparcours an die Wand. Erzählen Sie den Kindern die Geschichte zu den Abbildungen und führen Sie die Bewegungen vor (Seite 96).

Haben die Kinder schon etwas Routine, versuchen sie die Geschichte „Bergwanderung“ (Seite 97) selbstständig pantomimisch darzustellen. Ohne Bildvorlage wird die Kreativität der Kinder noch stärker gefördert.

Achten Sie darauf, dass die Kinder genügend Platz zum Bewegen haben. Lüften Sie ausgiebig. Der Parcours endet immer in einer Ruheposition auf dem Stuhl, sodass der Unterricht anschließend gleich weitergehen kann.

KV Seite 98

Okey-Cokey-Song
Den Okey-Cokey-Song können die Kinder sowohl im Klassenzimmer als auch auf dem Schulhof oder Sportplatz singen. Er eignet sich ebenso als Beitrag zum Sommerfest.

Führen Sie den englischen Wortschatz für die Körperteile ein. Stellen Sie den Kindern den Liedtext vor und zeigen Sie die entsprechenden Bewegungen dazu. Die Kinder werden sich die neuen Wörter in Verbindung mit der pantomimischen Darstellung rasch merken können. Als Ausgangsposition stellen sich die Kinder in einem großen Kreis auf.

1. Strophe

You put your right arm in.	*rechte Hand in die Kreismitte strecken*
Your right arm out.	*rechte Hand wieder zurück*
In out, in out,	*rechte Hand in die Kreismitte strecken und zurück (2 x)*
you shake it all about.	*rechte Hand schütteln*
You do the Okey, Cokey	*mit den Fingern schnippen*
and you turn around.	*um die eigene Achse drehen*
That's what it's all about.	*offene Handflächen nach oben, mit den Achseln zucken*
Oh, the Okey, Cokey, Cokey.	*im Takt 4 Schritte nach innen gehen, auf 4 klatschen und mit dem Fuß stampfen*
Oh, the Okey, Cokey, Cokey!	*4 Schritte zurück gehen, auf 4 erneut klatschen und stampfen*
Oh, the Okey, Cokey, Cokey!	*auf der Stelle gehen, Arme angewinkelt*
Knees bent,	*in die Knie gehen*
arms stretched.	*Arme nach oben strecken*
Ra! Ra! Ra!	*in der Hocke wippen*

2. Strophe

You put your left arm in …	*s. o.*

3. Strophe

You put your right leg in …	*s. o.*

4. Strophe

You put your left leg in …	*s. o.*

5. Strophe

You put your whole self in …	*in den Kreis hüpfen und wieder heraus*

KV Seite 99/100

Lollipop-Tanz

Den Sommertanz „Lollipop“ können die Kinder relativ schnell erlernen. Bevor sie mit dem Tanzen beginnen, müssen die Lollis jedoch, z. B. im Kunstunterricht, gebastelt werden. Die Bastelanleitung auf dem Arbeitsblatt zeigt, wie es geht.

Erläutern Sie dann den Kindern die Grundaufstellung und die Schritte für den Tanz. Auch hier hilft die Kopiervorlage. Einige Schüler werden anfangs Probleme haben, sich die Schrittfolge zu merken. Üben Sie den Tanz deshalb immer wieder, z. B. beim Stundenwechsel oder wann immer eine Auflockerung nötig ist. Das macht Spaß und bringt rasch den gewünschten Erfolg.

Lollis basteln

Als Material für die Lollis eignet sich dicke Pappe, z. B. von einem Umzugskarton. Falls zum Anmalen keine Plakafarbe zur Verfügung steht, können die Kinder den Lolli mit weißem Papier bekleben und anschließend mit Wasserfarben gestalten.

Musik

Das Lied „Lollipop“ können Sie als Oldie in der Originalversion bzw. als Remake der verschiedensten Gruppen im Internet finden (z. B. *www.heavens-gates.com/50s/lollipop.html* oder *www.walkthroughlife.com/midis/oldies/lollipop.mid)*. Sie müssen das Lied jedoch auf 72 Schläge kürzen. Blenden Sie dafür die Musik am Ende des Tanzes einfach aus oder überspielen Sie das Lied und schneiden Sie den Schlussakkord bei der Aufnahme an das Ende der 72 Schläge.

Die Kinder üben den Tanz am Anfang ohne Lolli und klatschen den Rhythmus mit. Der Lolli wird erst eingesetzt, wenn die Schrittfolge funktioniert.

Tanzanleitung (für 24 Kinder)

1. Grundschritte üben
- Schleuderhüpfer: während ein Bein hochhüpft, schleudert das andere wie beim Seilspringen vor.
- Grundschritt Partner 1: Sprung auf der Stelle – Sprung in die Grätsche – Sprung zurück zur Mitte – Schleuderhüpfer/Kick mit dem rechten Bein (hoch – breit – hoch – Kick)
- Grundschritt Partner 2: Sprung auf der Stelle – Schleuderhüpfer / Kick mit dem rechten Bein – Sprung auf der Stelle – Sprung in die Grätsche (hoch – Kick – hoch – breit)

Üben Sie die Grundschritte mit den Kindern erst in zwei Gruppen, dann paarweise.

2. Aufstellung besprechen

Die Kinder stehen jeweils zu sechst in 4 Reihen hintereinander und halten ihre Lollis mit beiden Händen. Immer zwei Kinder bilden ein Paar (Partner 1 und Partner 2).
- Schlag 1 – 4: Aufstellung frontal zum Publikum
  Reihe 1 bewegt sich mit 4 Schleuderhüpfern ca. 1 Meter nach vorn, Lolli vor dem Gesicht, die Reihen 2, 3 und 4 bleiben stehen
- Schlag 5 – 8: Aufstellung frontal zum Publikum
  Reihen 2, 3 und 4 hüpfen mit 4 Schleuderhüpfern nach vorn, Lolli vor dem Gesicht, Reihe 1 bleibt stehen
- Schlag 9 – 24: beidbeinig in seitliche Aufstellung, frontal zum Partner hüpfen

Beide Partner beginnen mit ihren Grundschritten. Dabei kicken sich die Paare wechselseitig zwischen die Beine.

3. Erweiterung der Grundschritte um Seitschritt und Step nach vorn
- Schlag 25 – 32: beidbeinig in Aufstellung frontal zum Publikum hüpfen
  Seitschritt nach rechts – Lolli winkt rechts – rechter Fuß zurück zur Mitte – Seitschritt nach links – Lolli winkt links – linken Fuß wieder zur Mitte
- Schlag 33 – 40: Step rechts mit der Hacke nach vorn – Lolli nach vorn strecken – Step rechts zurück – Lolli zurück – Step links mit der Hacke nach vorn – Lolli vor – Step links zurück – Lolli zurück

4. Verknüpfung der einzelnen Schrittfolgen

Schlag 1 – 8:	frontale Aufstellung, Schleuderhüpfer nach vorn
Schlag 9 – 24:	seitliche Aufstellung, paarweise Grundschritte
Schlag 25 – 32:	frontale Aufstellung, Seitschritt rechts – links – rechts – links
Schlag 33 – 40:	frontale Aufstellung, Step rechts – links – rechts – links
Schlag 41 – 56:	seitliche Aufstellung, paarweise Grundschritt
Schlag 57 – 64:	frontale Aufstellung, Seitschritt rechts – links – rechts – links
Schlag 65 – 72:	frontale Aufstellung, Step rechts – links – rechts – links

Auf den letzten Schlag wird der Lolli nach vorn gestreckt.

KV Seite 101/102

Spiele mit Wasser

Wassermusik: Für die Wassermusik eignen sich kleinere Glasflaschen (0,5 l). Die Kinder füllen die Flaschen mit Wasser unterschiedlich voll und hängen sie mit einer Paketschnur an einem Stock oder Besenstiel auf. Schlagen die Schüler nun mit einem Löffel oder Klöppel gegen die Flaschen, stellen sie fest, dass unterschiedliche Töne erklingen, je nachdem, wie viel Wasser sich in den Flaschen befindet. Lassen Sie die Kinder dann die Flaschen so füllen, dass eine Tonleiter entsteht. Falls Sie das Spiel im Klassenzimmer durchführen, ist es sinnvoll, die Kinder neben dem Waschbecken arbeiten zu lassen, da immer wieder Wasser hinzugefüllt bzw. weggegossen werden muss.

Apfelschnappen: Das Spiel eignet sich gut für ein Sommerfest. Falls Sie kein aufblasbares Schwimmbecken zur Verfügung haben, reicht auch eine größere Schüssel. Geben Sie aus hygienischen Gründen nicht zu viele Äpfel gleichzeitig ins Wasser. Wenn die Kinder paarweise gegeneinander antreten, reichen auch zwei Äpfel aus. Legen Sie Handtücher bereit.

Becher-Slalom: Dieses Wettspiel bedarf einiger Vorbereitung, macht den Kindern aber großen Spaß. Erklären Sie den Ablauf des Spiels genau und schicken Sie die Kinder auf eine Proberunde, um Unklarheiten zu beseitigen. Weisen Sie die Kinder darauf hin, dass das Team Sieger ist, das am Ende mehr Wasser im Becher hat – es kann also auch das langsamere Team gewinnen.

KV Seite 103/104

Spiele im Sand

Fli–Fla–Flu: Schicken Sie die Kinder vor Spielbeginn auf die Suche nach passenden Spielsteinen. Achten Sie darauf, dass die Kinder Gegenstände verwenden, die sich gut von denen des Partners unterscheiden.

Einsturzgefahr: Für dieses Spiel benötigt jedes Kind eine kleine Sandschaufel, die am besten von zu Hause mitgebracht wird. Teilen Sie Ihre Klasse in Vierer- oder Fünfergruppen ein.

Murmeltransport: Das Transportieren der Murmeln zwischen den Zehen ist eine gute Fußgymnastik, außerdem sind Geschicklichkeit und Gleichgewicht gefragt. Hier können nicht, wie sonst bei Staffelläufen, die schnellsten Kinder punkten, sondern die geschicktesten.

Es macht auch Spaß, das Spiel als einfache Staffel zu spielen: Dazu benötigt man nur ein Seil als Startlinie und für jede Gruppe ein Gefäß, das am Ende der Strecke aufgestellt wird. Jeder Mitspieler braucht eine Murmel, die er mit den Zehen zum Gefäß trägt und dort ablegt. Ohne Murmel läuft er dann zurück und schickt das nächste Kind auf den Weg. Sieger ist die Gruppe, die zuerst alle Murmeln im Gefäß hat.

Sandmaler: Sie können die Kärtchen für das „Sandmaler-Spiel" auch selbst vorbereiten. Wählen Sie möglichst viele verschiedene Begriffe, dann können Sie die Kärtchen austauschen. Laminieren Sie die Kärtchen am besten, dann kann ihnen der Sand nichts anhaben und sie sind wiederholt einsetzbar.

Stellen Sie die Box in die Freiarbeitsecke, damit die Kinder sich jederzeit selbstständig damit beschäftigen können. Es ist auch möglich, die Begriffe statt in den Sand auf eine Folie oder einen Block zu malen.

KV Seite 105

Spiele auf der Wiese

Mandala: Bei diesem Spiel werden Kreativität und Gemeinschaftsgefühl gefördert. Gleich doppelt soviel Spaß macht es bei schönem Wetter auf der warmen Wiese oder dem Hartplatz. Beginnen Sie in kleineren Gruppen und steigern Sie die Anzahl der Kinder bis hin zum gesamten Klassenverband.

Obstsalat: Sie können mit Ihrer Klasse das Spiel sowohl auf Deutsch als auch auf Englisch (*fruit salad*) spielen. Wenn das Spiel nicht zu lange dauern soll, können in jeder Runde auch mehrere Reifen gleichzeitig weggenommen werden. Etwas schwieriger wird es, wenn die Kinder nicht in einen Reifen direkt neben dem alten wechseln dürfen. Dadurch vermeiden Sie, dass die Kinder nur einen Schritt zur Seite machen, um den Platz zu tauschen. So haben die Kinder im Kreis eher eine Chance, einen freien Reifen zu finden.

Ballon-Stationen

Bauen Sie die Stationen am besten an einem windstillen Sommertag auf dem Sportplatz auf. Dort haben die Kinder genügend Platz, die unterschiedlichen Angebote auszuprobieren.

Achten Sie bei der Anordnung der Stationen darauf, dass auf eine anstrengende Station eine weniger anstrengende folgt. So kann beim Wechsel auf eine Ruhephase verzichtet werden.

Gehen Sie mit den Kindern gemeinsam die einzelnen Stationen ab. Erklären Sie die Aufgaben und führen Sie sie vor. Legen Sie zur Sicherheit die Spielanleitung in einer Folie bereit.

Bauen Sie, um den Kindern die Orientierung zu erleichtern, die Stationen im Uhrzeigersinn auf. Schreiben Sie zusätzlich auf Pappbecher die Nummern der Stationen, stülpen Sie diese auf einen Stock oder Ast und stecken Sie sie vor der jeweiligen Station in den Boden. Die Pappbecher lassen sich ohne Stock auch im Klassenzimmer zum Kennzeichnen der Stationen verwenden.

Teilen Sie die Kinder in Vierergruppen ein. Jede Gruppe geht an eine Station und beginnt auf ein bestimmtes Zeichen hin mit ihrer Aufgabe. Nach ca. 3 Minuten ertönt das Zeichen erneut und die Kinder wechseln im Uhrzeigersinn die Station. Sind die Schüler mit der Aufgabe vor Ablauf der 3 Minuten fertig, dürfen sie sich eigene Aufgaben mit den Geräten überlegen oder die gestellte Aufgabe wiederholen.

Zuletzt darf jede Gruppe nochmals an ihre Lieblingsstation. Weisen Sie die Kinder darauf hin, dass sie die Geräte ihrer Station beim Wechsel ordentlich zurücklassen, damit die nächste Gruppe sofort beginnen kann.

Aus hygienischen Gründen sollten bei den Stationen „Luftballon-Rakete“ und „Ball-Pusten“ ausreichend frische Ballons zur Verfügung stehen.

Tipp zur Entspannung: Jedes Kind erhält einen mit wenig Wasser gefüllten Ballon und malt mit einem Filzstift ein Labyrinth darauf. Mit dem Ballon kann es sich dann auf die Wiese legen und bei ausreichend Lichteinfall versuchen, durch Drehen des Ballons das Wasser durch das Labyrinth zu bewegen.

Ausflug an den Strand (1)

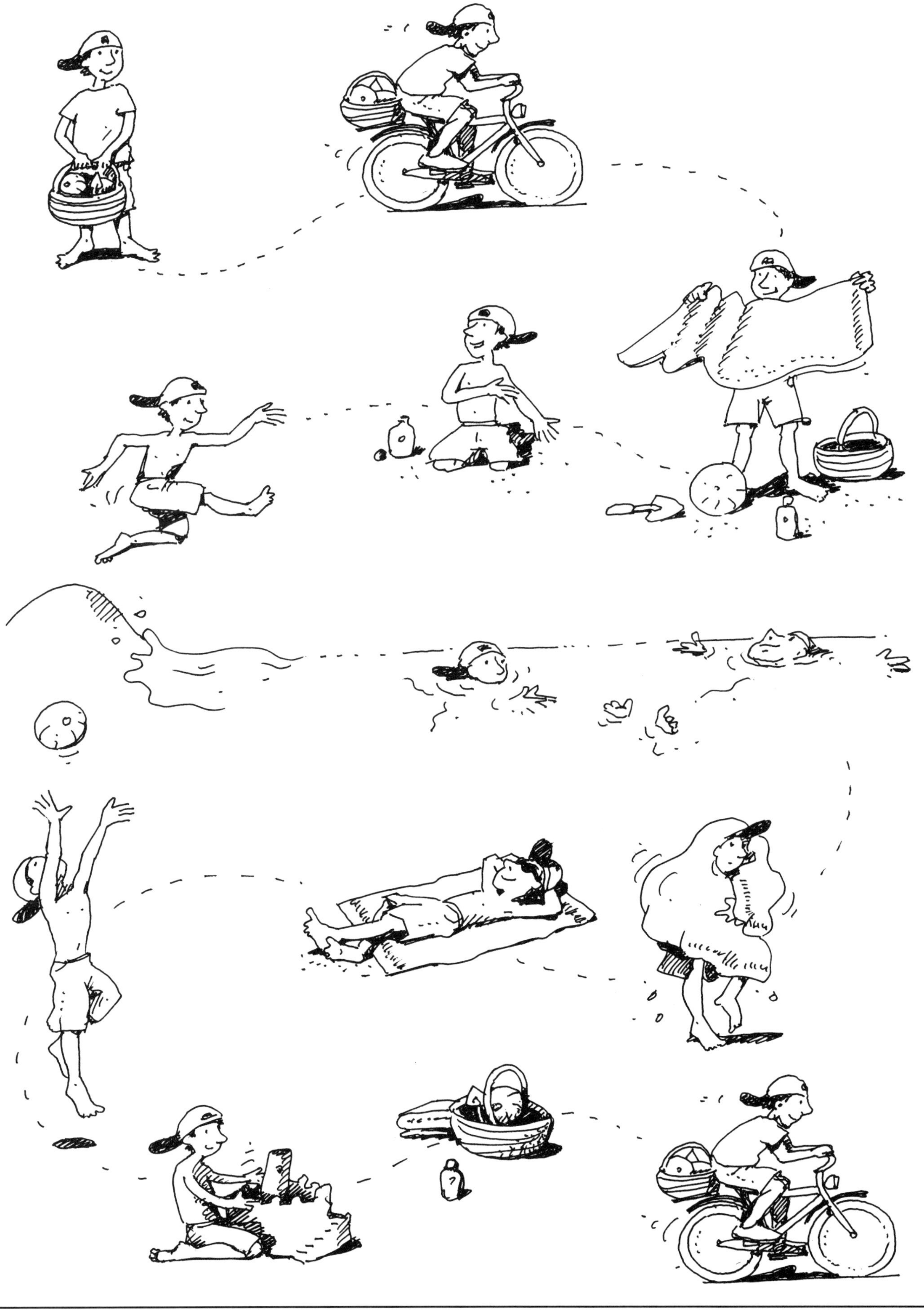

Ausflug an den Strand (2)

Heute machen wir einen Ausflug an den Strand. Wir packen alle Sachen ein, die wir am Strand brauchen: Handtuch, Badehose/Bikini, Sonnencreme, Essen, Trinken, Ball …	*pantomimisch einpacken*
Mit dem Fahrrad radeln wir an den Strand.	*auf dem Stuhl sitzen und radeln*
Wir packen alles aus und breiten unser Handtuch aus.	*auspacken, Handtuch hinlegen und glattstreichen*
Wir ziehen unsere Badesachen an und cremen uns sorgfältig ein.	*sich umziehen und eincremen*
Jetzt aber schnell ins Wasser! Wir klettern auf einen kleinen Sandhügel und springen elegant in die Fluten.	*auf den Stuhl steigen und hinunterspringen*
Puh, das erfrischt. Jetzt schwimmen wir kräftig, damit uns warm wird.	*Schwimmbewegungen auf dem Stuhl oder im Stehen*
Die Wellen schaukeln uns sanft hin und her.	*den Oberkörper wiegen*
So, das ist genug für heute. Wir gehen zum Handtuch und rubbeln uns trocken.	*auf der Stelle gehen und sich abtrocknen*
Zeit, sich ein wenig zu sonnen. Wir legen uns auf unser Handtuch und entspannen uns.	*auf den Boden legen und gleichmäßig und leise atmen*
Das hat gut getan. Jetzt haben wir Lust, Ball zu spielen. Werft euch den Ball zu!	*werfen und fangen*
Zum Abschluss bauen wir noch eine tolle Sandburg. Wir schaufeln einen großen Sandhaufen, klopfen ihn schön glatt und verzieren unsere Burg.	*schaufeln und klopfen*
Schon so spät? Zeit, die Sachen zu packen.	*auf die Armbanduhr sehen und einpacken*
Schnell auf die Räder und auf geht's nach Hause.	*auf dem Stuhl radeln*
Endlich sind wir wieder da. Das war ein schöner Ausflug!	*sich entspannt zurücklehnen*

Bergwanderung

Das Wetter ist ideal zum Wandern. Wir schnüren die schweren Bergstiefel.	*Schuhe schnüren*
Rucksack schultern, Stöcke in die Hand und auf geht's!	*mit Stockeinsatz* *auf der Stelle gehen*
Zuerst geht es in einen kleinen Wald hinein. Wir steigen über einige Holzstämme.	*große Schritte machen*
Im Unterholz grunzt ein Wildschwein. Das wollen wir nicht stören. Wir gehen leise vorbei.	*auf Zehenspitzen gehen*
Geschafft! Es hat uns nicht bemerkt. Der Wald lichtet sich, der Weg wird langsam steiler. Kräftiger Stockeinsatz ist nötig!	*gehen und dabei kräftig die Arme bewegen*
Vor uns fließt ein Gebirgsbach. Da müssen wir durch. Wir springen vorsichtig von Stein zu Stein.	*beidbeinig hüpfen*
Jetzt wird es richtig steil. Wir klettern nach oben und springen dann einen kleinen Abhang hinunter.	*mehrmals auf den Tisch klettern und hinunterspringen*
Gleich sind wir am Gipfel. Nur noch wenige Meter! Geschafft! Keine Wolke ist am Himmel. Seht nur, die wunderbare Fernsicht!	*auf dem Tisch stehenbleiben und in die Ferne blicken*
Wir atmen tief die klare Bergluft ein. Das tut gut.	*zur Ruhe kommen und gleichmäßig atmen*
Zeit für eine Rast! Wir setzen uns auf den Felsen und packen unser Brot aus. Das schmeckt lecker!	*auf dem Tisch sitzen und essen*
Wir trinken einen kräftigen Schluck.	*trinken*
Jetzt wird es aber Zeit für den Heimweg. Wir schultern unsere Rucksäcke und gehen weiter.	*vom Tisch hüpfen und auf der Stelle gehen*
Wir gehen eine Abkürzung, die aber nicht ganz ungefährlich ist. Wir schleichen uns leise an einer Bärenhöhle vorbei.	*auf Zehenspitzen gehen*
Gut gemacht! Endlich sind wir wieder daheim.	*sich setzen*

Okey-Cokey-Song

traditionell überliefert

2. You put your left arm in …
3. You put your right leg in …
4. You put your left leg in …
5. You put your whole self in …

Lollipop-Tanz (1)

Bastle einen Lolli für den Lollipop-Tanz.

Du brauchst:
- großes Stück festen Karton oder Pappe
- Schere, Tacker oder Klebeband
- Plakafarben
- Pinsel

So geht's:
1. Zeichne auf die Pappe den Umriss eines Lollis. Der Stiel soll 50 cm lang und 5 cm breit sein und der runde Lolli einen Durchmesser von 25 cm haben.
2. Schneide den Lolli aus und knicke den Stiel bei der Hälfte nach hinten um. So wird er stabiler. Tacker die Stielhälften aufeinander oder klebe sie mit Klebeband zusammen.
3. Male den Lolli mit Plakafarbe bunt an.

Lollipop-Tanz (2)

Übt den Tanz ein.

Grundaufstellung:

Symbol für frontale Aufstellung zum Publikum:
Symbol für seitliche Aufstellung, frontal zum Partner:

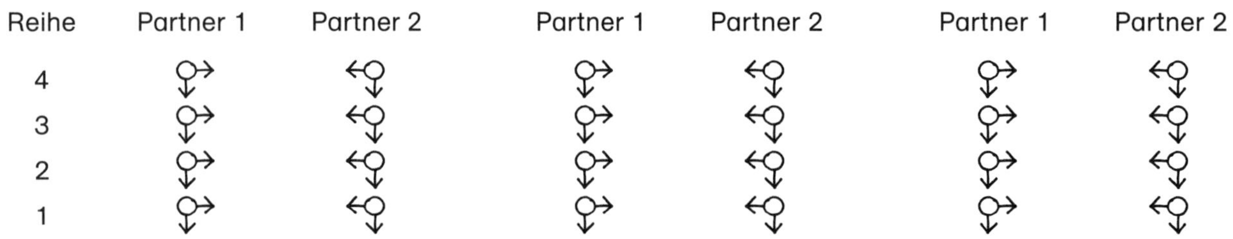

Schritte:

Schleuderhüpfer:

Grundschritt Partner 1:

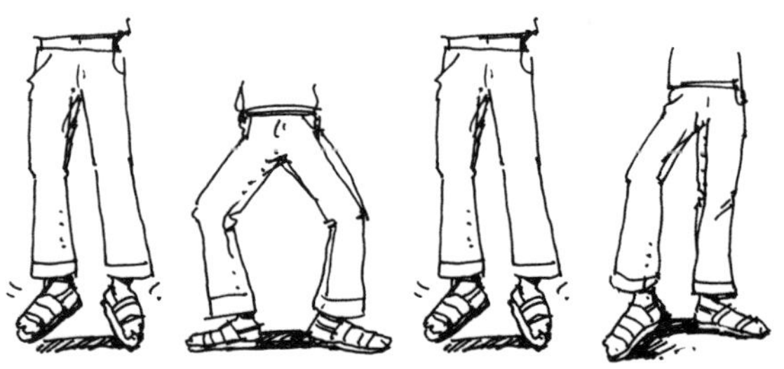

hoch breit hoch Kick

Grundschritt Partner 2:

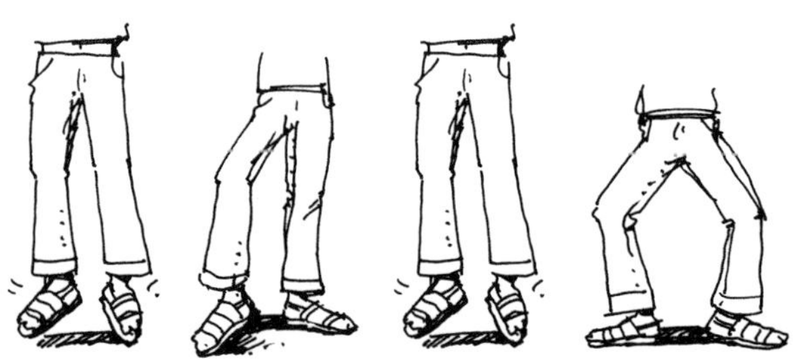

hoch Kick hoch breit

Seitschritt:

Schritt nach rechts Mitte Schritt nach links

Step vor:

Spiele mit Wasser: Wassermusik

Du brauchst:
- 8 Glasflaschen mit Drehverschluss
- Besen mit Stiel
- Löffel oder Klöppel
- Kordel, Klebeband
- 2 Stühle

So geht's:
1. Stelle die beiden Stühle mit der Sitzfläche zueinander auf. Lege den Besenstiel auf die Sitzflächen. Befestige den Stiel mit Klebeband, damit er nicht herunterrutscht.
2. Fülle in 8 Glasflaschen unterschiedlich viel Wasser und hänge sie an den Besenstiel.
3. Bringe nun mit einem Klöppel oder einem Löffel die Flaschen zum Klingen. Kannst du die Flaschen so anordnen, dass dabei eine Tonleiter zu hören ist?

Spiele mit Wasser: Apfelschnappen

Ihr braucht:
- aufblasbares Schwimmbecken oder große Schüssel
- 2 Äpfel

So geht's:
1. Füllt ein aufblasbares Schwimmbecken oder eine große Schüssel mit Wasser und lasst einige Äpfel darin schwimmen.
2. Kniet euch paarweise vor das Becken und verschränkt die Hände auf dem Rücken.
3. Versucht einen Apfel mit dem Mund zu schnappen. Sieger ist, wer als Erster einen Apfel zwischen den Zähnen hat.

Spiele mit Wasser: Becher-Slalom

Ihr braucht:

- 2 Wasserbecher aus Plastik
- Eimer mit Wasser
- 2 leere Eimer
- 2 Schwämme
- 2 Tabletts
- 2 Messbecher
- 2 Rollbretter
- 10 Hütchen

So geht's:

1. Baut für zwei Slalomstrecken jeweils fünf Hütchen in einem Abstand von ca. 3 m hintereinander auf. Stellt am Start zwei Rollbretter bereit sowie einen Eimer mit Wasser und zwei Messbecher. An der Ziellinie stehen die leeren Eimer mit den Schwämmen.
2. Bildet zwei Teams und stellt euch in jedem Team paarweise auf.
3. Beim Kommando „Los" füllt das erste Paar eines jeden Teams Wasser aus dem Eimer in einen Plastikbecher und stellt es auf ein Tablett.
4. Ein Kind nimmt das Tablett und setzt sich auf das Rollbrett. Das andere Kind schiebt es durch den Hütchenslalom bis zur Ziellinie.

5. An der Ziellinie wird der Inhalt des Bechers in einen Eimer geschüttet und anschließend mit dem Schwamm aufgesogen und zurück in den Becher gefüllt.
6. Stellt den Becher wieder auf das Tablett, das nun vom anderen Kind gehalten wird. Der Rückweg führt erneut auf dem Rollbrett um die Hütchen herum bis zum Start zurück.
7. Gießt den Inhalt des Bechers in einen Messbecher und schickt das nächste Paar eures Teams auf den Weg.
8. Sieger ist das Team, das am Ende mehr Wasser im Messbecher hat.

Spiele im Sand: Fli-Fla-Flu

Ihr braucht:

- 2 mal 5 Spielsteine
  (z.B. Bucheckern, Muscheln, Blätter in einer Farbe)

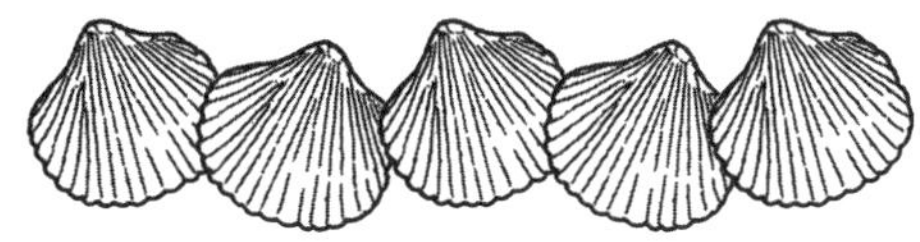

So geht's:

1. Bildet Paare.
2. Zeichnet mit einem Ast ein Gitter mit zwei waagerechten und zwei senkrechten Linien im Abstand von etwa 5 cm in den Sand. So entstehen 9 Felder.
3. Setzt nun eure Spielsteine abwechselnd in die Felder.
4. Wer es zuerst schafft, drei seiner Steine hintereinander waagerecht, senkrecht oder diagonal in die Kästchen zu legen, hat gewonnen.

Spiele im Sand: Einsturzgefahr

Ihr braucht:

- kleine Sandschaufel für jeden Mitspieler
- 1 Stein pro Gruppe

So geht's:

1. Bildet kleine Gruppen.
2. Baut gemeinsam in jeder Gruppe einen Sandberg (ca. 50 cm hoch). Achtet darauf, dass der Berg nicht zu flach wird. Klopft den Sand gut fest.
3. Legt auf die Spitze einen Stein.
4. Nehmt reihum vorsichtig eine Schaufel Sand vom Haufen weg. Der Berg wird dadurch immer löchriger und brüchiger.
5. Es verliert der Spieler, bei dem der Stein fällt oder der Sandberg einstürzt.

Spiele im Sand: Murmeltransport

Ihr braucht:
- 2 Seile
- 1 Murmel für jede Mannschaft

So geht's:
1. Bildet Achtergruppen und zieht eure Schuhe und Strümpfe aus.
2. Legt die beiden Seile parallel zueinander mit einem Abstand von ca. 5 m in die Sandgrube.
3. Teilt eure Achtergruppe: Jeweils vier Kinder stellen sich hinter einem Seil in einer Reihe auf. Auf einer Seite liegt vor der Mannschaft eine Murmel im Sand.
4. Nach dem Startzeichen greift das erste Kind jeder Mannschaft mit den Zehen die Murmel und hüpft auf einem Bein auf die andere Seite. Dort legt es die Murmel ab und klatscht den ersten Mitspieler dieser Seite ab. Dieser greift sich die Murmel mit den Zehen und hüpft auf die andere Seite. So geht es weiter, bis alle acht Kinder ebenfalls die Murmel über die abgesteckte Strecke transportiert haben. Lässt einer die Murmel fallen, muss er sie so schnell wie möglich wieder mit den Zehen aufheben.
5. Sieger ist die Mannschaft, die die Murmel zuerst ins Ziel bringt.

Spiele im Sand: Sandmaler

Ihr braucht:
- Kärtchen
- Stifte

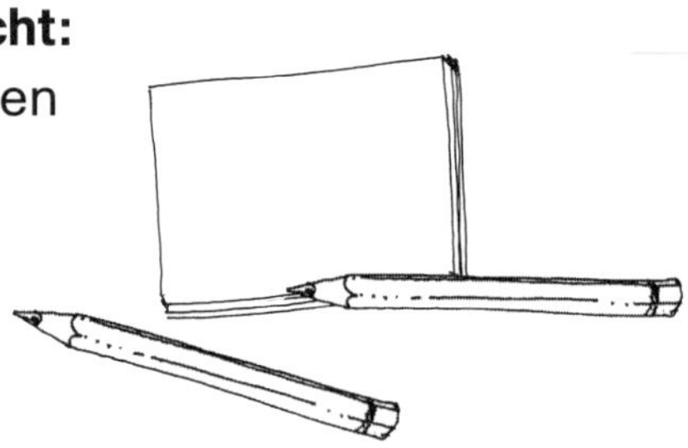

Vorbereitung:
1. Bildet kleine Gruppen und überlegt euch einfache Begriffe (z.B. Gegenstände, Tiere), die sich leicht darstellen lassen.
2. Schreibt auf jedes Kärtchen einen Begriff.
3. Tauscht dann eure Kärtchen mit einer anderen Gruppe.

So geht's:
1. Der erste Spieler eurer Gruppe schaut auf ein Kärtchen und malt den Begriff mit den Fingern in den glatt geklopften Sand.
2. Die Mitspieler versuchen zu erraten, was gemalt wird. Wer den Begriff errät, darf als Nächster zeichnen.

Spiele auf der Wiese: Mandala

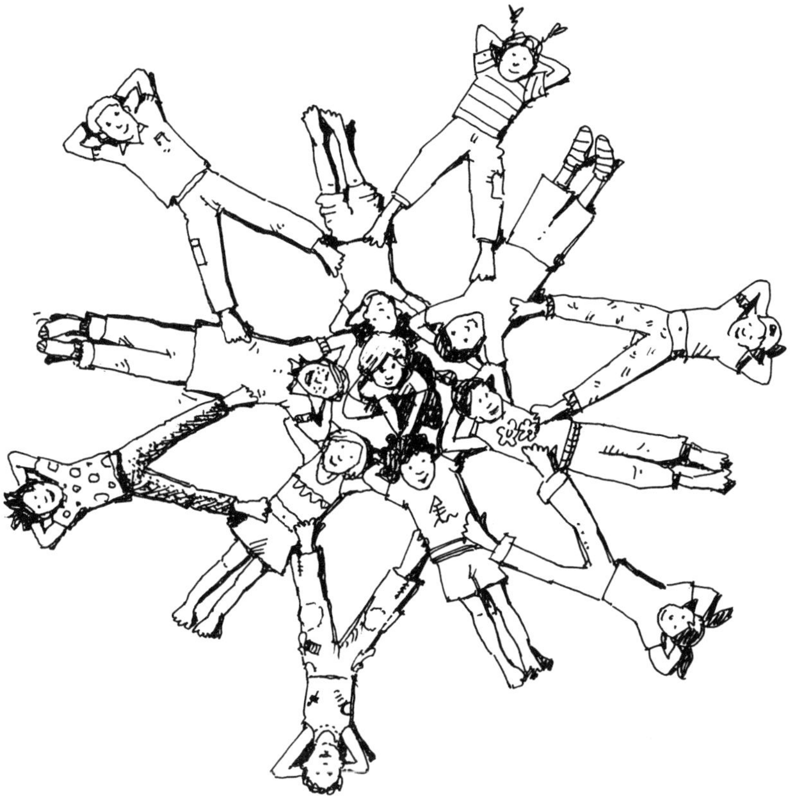

Gestaltet ein lebendiges Mandala. Ein Kind kauert als Kreismittelpunkt mit rundem Rücken am Boden. Um dieses Kind legen sich strahlenförmig sechs Kinder. Weitere sechs Kinder legen sich mit gegrätschten Beinen so dazwischen, dass ihr Kopf nach außen zeigt.

Ihr könnt das Mandala auch verändern: Einige Kinder strecken im Liegen ein Bein nach oben oder machen eine Kerze. Es gibt unzählige Möglichkeiten!

Spiele auf der Wiese: Obstsalat

Ihr braucht:

- Gymnastikreifen für alle Mitspieler bis auf einen

So geht's:

1. Ein Kind oder euer Lehrer übernimmt die Aufgabe eines Spielleiters.
2. Legt die Gymnastikreifen kreisförmig aus. Jeder Mitspieler stellt sich in einen Reifen, ein Kind steht in der Mitte.
3. Alle Kinder erhalten einen Obstnamen, z. B. Apfel, Birne, Banane.

4. Jetzt ruft der Spielleiter zwei Obstsorten auf. Diese müssen den Platz tauschen. Gleichzeitig versucht das Kind aus der Mitte, einen Platz in einem Reifen zu bekommen.
5. In jeder Runde werden ein oder mehrere Ringe weggenommen.
6. Beim Wort „Obstsalat" müssen alle Kinder den Platz wechseln. Wer keinen Platz in einem Reifen hat, geht ins Kreisinnere.
7. Die letzten fünf Kinder, die in einem Reifen stehen, sind die Sieger.

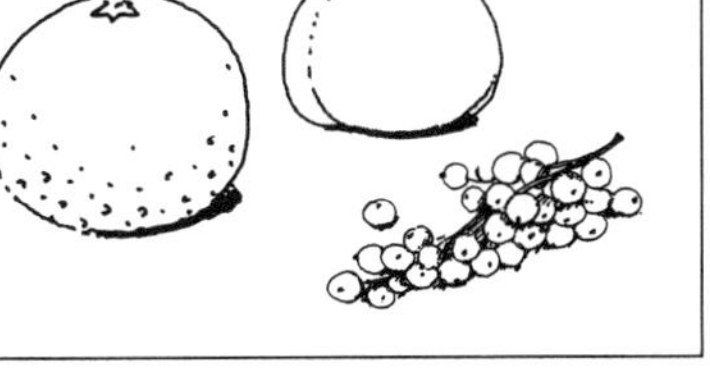

✂

◯ Ballon-Station:

Flossen-Tennis

Ihr braucht:
- 1 Schwimmflosse für jedes Kind
- mit wenig Wasser gefüllte, aufgeblasene Luftballons

So geht's:
1. Stellt euch paarweise auf.
2. Nehmt jeder eine Schwimmflosse. Sie dient euch als Schläger.
3. Versucht den Ballon so oft wie möglich hin und her zu spielen. Achtung, nicht zu stark auf den Ballon hauen!

◯ Ballon-Station:

Luftballon-Rakete

Ihr braucht:
- 4 unaufgeblasene Luftballons in verschiedenen Farben
- Seil

So geht's:
1. Legt das Seil in eine Linie und nehmt euch jeder einen Ballon.
2. Stellt euch in einer Reihe hinter dem Seil auf.
3. Blast nun eure Luftballons auf.
4. Lasst euren Ballon auf Kommando los.
5. Sieger ist, wessen Rakete am weitesten vom Seil entfernt liegen bleibt.

◯ Ballon-Station:

Geschicklichkeitsrennen

Ihr braucht:
- 2 Hütchen
- 2 aufgeblasene Ballons

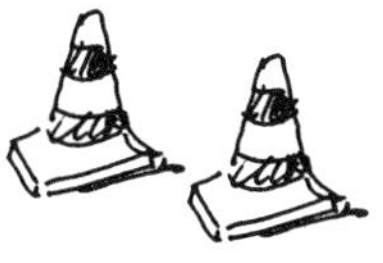

So geht's:
1. Stellt 2 Hütchen ca. 5 m voneinander entfernt auf.
2. Bildet zwei Paare.
3. Das erste Kind jedes Paars klemmt sich den Ballon zwischen die Knie, hüpft oder humpelt um das Hütchen herum und schickt dann den Partner mit dem Ballon auf den Weg.
4. Sieger ist das Paar, das zuerst die Strecke zurückgelegt hat.

◯ Ballon-Station:

Hin und her

Ihr braucht:
- aufgeblasenen, mit etwas Wasser oder einer Murmel gefüllten Ballon
- 2 mittelgroße Handtücher

So geht's:
1. Bildet Vierergruppen.
2. Haltet zu zweit ein Handtuch an den Ecken fest.
3. Versucht den Ballon hin und her zu spielen.
   Wie oft klappt es?

○ **Ballon-Station:**

Ball-Pusten

Ihr braucht:
- 4 unaufgeblasene Ballons
- 4 Tischtennisbälle
- Seil

So geht's:
1. Markiert auf der Laufbahn mit einem Seil eine ca. 2 m lange Strecke.
2. Nehmt euch jeder einen Tischtennisball und einen Luftballon.
3. Legt den Ball an den Start vor das Seil. Blast auf das Kommando „Auf die Plätze, fertig, los!" eure Ballons auf.
4. Treibt den Ball mit der ausströmenden Luft in Richtung Ziellinie.
5. Es gewinnt derjenige, dessen Ball zuerst über die Linie rollt.

○ **Ballon-Station:**

Löffel-Staffel

Ihr braucht:
- 2 Esslöffel
- 2 aufgeblasene Ballons
- 2 Hütchen

So geht's:
1. Stellt die Hütchen ca. 5 m voneinander entfernt auf.
2. Bildet zwei Paare und stellt euch bei dem ersten Hütchen auf.
3. Legt den Ballon auf den Löffel.
4. Transportiert auf das Kommando „Los!" nacheinander den Ballon mit dem Löffel um das zweite Hütchen herum. Fällt der Ballon herunter, muss er sofort wieder auf den Löffel gelegt werden.
5. Sieger ist das Paar, das den Parcours schneller zurücklegt.

6. Kapitel: Sommerrezepte

Vorbemerkung

Der Sommer bietet besondere Gaumenfreuden. Ein kühles Getränk zur rechten Zeit, ein Eis am Ufer eines Badesees, belegte Brötchen auf einer Picknickdecke, frische Beeren direkt vom Strauch – jeder kennt Geschmackserlebnisse dieser Art.

Genießen Sie deshalb den Sommer mit Ihrer Klasse auch kulinarisch: bei einem gemeinsamen Picknick, bei der Abschlussfeier, beim Schulfest oder auch ohne besonderen Anlass. Die sommerlichen Rezeptvorschläge lassen sich schnell und ohne großen Aufwand umsetzen. Geräte wie Waffeleisen und Rührstab können mitgebracht werden und ein Kühlschrank mit Eisfach befindet sich in den meisten Lehrerzimmern.

Lehrplanbezug

Fremdsprachen

- Landestypische Speisen kennenlernen

Sachunterricht

- Gesunde Ernährung

Anregungen für den Unterricht

Klassenbuch

Gestalten Sie mit den Kindern ein Klassenkochbuch, in das jedes Kind sein Lieblingsrezept schreibt. Ausländische Kinder können dabei typische Gerichte aus ihrem Heimatland vorstellen.

Legen Sie das Klassenkochbuch in der Freiarbeitsecke aus, damit es sich die Kinder später auch ausleihen können. Für ein Fest unter dem Motto „Speisen aus aller Welt" bereiten die Schüler einzelne Gerichte entweder gemeinsam in der Schule zu oder bringen sie von zu Hause mit und präsentieren sie der Klasse.

In ihre „Sommersendung" (vgl. 7. Kapitel, Seite 124 – 128) können die Kinder einen Beitrag aus ihrem Kochstudio integrieren und über die Zubereitung von leckeren Speisen berichten.

Zu den Kopiervorlagen

KV Seite 111

Sommerliche Waffeln

Waffeln lassen sich problemlos im Klassenzimmer zubereiten. Sie sind schnell gemacht und schmecken allen Kindern. Für die Creme aus saftigen Sommerfrüchten eignen sich neben Erdbeeren auch Johannisbeeren oder reife Pfirsiche.

Richten Sie gemeinsam mit den Kindern das Klassenzimmer zum Backen her. Rücken Sie einen Tisch in die Nähe einer Steckdose, bedecken Sie ihn mit Zeitungspapier und stellen Sie das Waffeleisen und die Schüssel mit dem Teig darauf. Die Kinder können so den Teig selbstständig in das Waffeleisen löffeln. Das Aufräumen geht schnell, da am Ende einfach das verkleckste Zeitungspapier weggeworfen wird. Bilden Sie Gruppentische für die Vorbereitungen, damit die Kinder zusammenarbeiten können und mehr Platz haben, sich im Klassenzimmer zu bewegen. Auch hier empfiehlt es sich, Zeitungspapier unterzulegen. Teilen Sie die Kinder in Teig-, Erdbeercreme-, Back- und Garniergruppen ein.

Je nach Anzahl und Appetit der Kinder kann die Menge der Zutaten entsprechend erhöht werden.

KV Seite 112

Pfefferminzsirup

Die Herstellung des Pfefferminzsirups nimmt bis zu vier Wochen in Anspruch. Den Kindern macht es großen Spaß, die Entwicklung ihres Sirups zu beobachten. Nach der langen Vorbereitungszeit ist der Genuss des fertigen Getränks ein echtes Erlebnis.

KV Seite 113

Eis wie in Italien

Die fertige Eiscreme muss über Nacht in das Eisfach. Am besten nehmen Sie am nächsten Tag Waffelhörnchen und einen Eislöffel mit ins Klassenzimmer. Dadurch sparen Sie sich den Abwasch von Schüsseln und die Kinder können ihr selbst gemachtes Eis sogar im Freien genießen. Setzen Sie sich mit Ihrer Klasse gemeinsam unter einen Baum oder auf den Sportplatz. Dort schmeckt es gleich doppelt so gut!

KV Seite 113

Zaziki wie in Griechenland

Zusammen mit frischem Baguette ist Zaziki für ein Picknick auf der Wiese ideal. Man kann es aber auch zu Fleisch und Kartoffeln essen. Die Kinder können die Speise im Klassenzimmer zubereiten und bei einem gemeinsamen Grillfest servieren.

Vielleicht mögen einige Kinder keinen Knoblauch. Variieren Sie die Zugabe dann entsprechend.

KV Seite 114

Holländische Windräder

Befindet sich in der Schule ein Ofen, können die leckeren Teigtaschen sofort fertig gebacken werden. Ansonsten empfiehlt es sich, mit den Kindern einige Bleche im Klassenzimmer backfertig vorzubereiten und dann zu Hause in den Ofen zu schieben. Frisch schmecken die Windräder allerdings am besten.

Zum Zwiebelschneiden setzen die Kinder am besten eine Taucherbrille auf. Das macht Spaß und vermeidet Tränen. Die Teigecken lassen sich durch leichten Druck und die Wärme der Hände leicht zusammenkleben. Dabei benötigen die Kinder eventuell Ihre Unterstützung.

Sommerliche Waffeln

Du brauchst:

Für die Waffeln:
- 200 g Butter
- 200 g Zucker
- 2 Eier
- Zitronenaroma
- 1 Päckchen Vanillezucker
- 450 ml Wasser
- 500 g Mehl
- 1 Päckchen Backpulver

Für die Erdbeercreme:
- ca. 1 kg Erdbeeren
- ca. 1 Liter süße Sahne
- 8 Esslöffel Honig

So geht's:

Waffeln:
1. Gib die Butter, den Zucker und die Eier in eine Schüssel. Rühre das Ganze einige Minuten schaumig.
2. Füge nun das Zitronenaroma, den Vanillezucker und das Wasser hinzu und rühre alles sorgfältig unter.
3. Vermische das Backpulver mit dem Mehl. Siebe es nach und nach zu den übrigen Zutaten und rühre die Masse, bis ein dickflüssiger Teig entsteht.
4. Gib eine kleine Portion Teig in die Mitte des Waffeleisens. Backe die Waffel, bis sie goldbraun ist.

Erdbeercreme:
1. Wasche die Erdbeeren und entferne Stiele und Blätter. Schneide die Früchte in kleine Stücke.
2. Zerdrücke die Stücke anschließend mit einer Gabel zu Erdbeermus.
3. Gib den Honig dazu und rühre alles gut um.
4. Schlage jetzt die Sahne mit einem Schneebesen oder einem Rührgerät steif.
5. Hebe das Erdbeermus vorsichtig unter die geschlagene Sahne.
6. Bestreiche deine Waffeln mit dem Erdbeermus.

Tipp: Wenn du das Erdbeermus in eine Plastikdose füllst und über Nacht ins Tiefkühlfach stellst, hast du am Morgen ein leckeres, selbst gemachtes Erdbeereis.

Pfefferminzsirup

Du brauchst:

- 1 Liter Wasser
- 1 Schuss Essig
- 1 kg Zucker
- 2 große Handvoll frische Pfefferminzblätter
- 1 großes Glas mit Schraubverschluss (Volumen 1 Liter)
- 1 Flasche mit Korken

So geht's:

1. Gib den Zucker in das Wasser, erhitze es und lass es einige Minuten kochen, bis sich der Zucker aufgelöst hat.
2. Lass das Wasser abkühlen und gib einen Schuss Essig hinzu.
3. Schichte nun die Pfefferminzblätter lagenweise in ein verschließbares Glasgefäß.
4. Übergieße anschließend die Blätter mit der Flüssigkeit.
5. Verschließe das Glas und stelle es drei bis vier Wochen an einen sonnigen Platz.
6. Gieße dann den Sirup durch ein Sieb und fülle ihn in eine Flasche, die man verkorken kann.
7. Verdünne das Getränk mit Mineralwasser und garniere es mit einem Minzblättchen – so schmeckt das Getränk am besten!

Eis wie in Italien

Du brauchst:
- 4 Eigelb
- 125 g Zucker
- 200 g Sahne
- 100 g Naturjoghurt
- 100 ml Vollmilch
- 1 Esslöffel Zitronensaft
- 200 g Obst (z. B. Erdbeeren, Bananen, Pfirsiche)

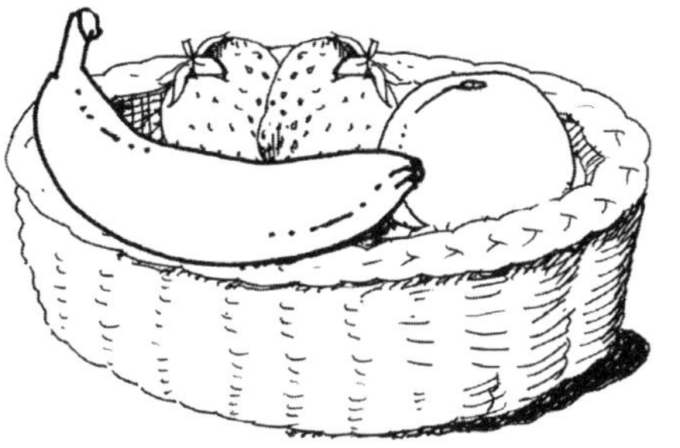

So geht's:
1. Rühre zuerst das Eigelb mit dem Zucker schaumig.
2. Gib nun unter ständigem Rühren die Sahne, den Joghurt und die Milch dazu.
3. Wasche anschließend das Obst und schneide es in kleine Stücke. Zerdrücke es mit der Gabel oder püriere es im Mixer.
4. Vermische das zerkleinerte Obst sorgfältig mit den übrigen Zutaten und gib den Zitronensaft hinzu.
5. Fülle nun die Masse in ein Plastikgefäß mit Deckel und stelle sie für einige Stunden in den Gefrierschrank.

Zaziki wie in Griechenland

Du brauchst:
- 500 g Quark
- 1 Gurke
- 1 Esslöffel Olivenöl
- 2 Knoblauchzehen
- 2 Messerspitzen Salz
- 1 Messerspitze Pfeffer

So geht's:
1. Schäle die Gurke und rasple sie in kleine Streifen.
2. Schäle anschließend die Knoblauchzehen, zerdrücke sie mit einer Knoblauchpresse und gib sie zu der Gurke hinzu.
3. Vermische den Quark und das Olivenöl sorgfältig mit der Gurke und dem Knoblauch.
4. Würze deinen Quark mit Salz und Pfeffer.

Tipp: Zaziki schmeckt am besten gekühlt mit Baguette, zu Fleisch oder Kartoffeln.

Holländische Windräder

Du brauchst:

- 1 Packung tiefgekühlten Blätterteig
- 1 Zwiebel
- 4 Tomaten
- 150 g junger Gouda (auch Feta oder Mozarella sind geeignet)
- Salz und Pfeffer
- 2 Esslöffel Olivenöl
- frische Sommerkräuter (z. B. Petersilie, Schnittlauch oder Basilikum)

So geht's:

1. Lege die tiefgekühlten Blätterteigplatten zum Auftauen nebeneinander auf ein mit Backpapier ausgelegtes Backblech.
2. Schneide die Zwiebel und die Tomaten in kleine Würfel.
3. Entferne von dem Käse den harten Rand und schneide ihn ebenfalls in kleine Stücke.
4. Vermische anschließend alle Zutaten sorgfältig miteinander und würze sie mit Salz, Pfeffer und dem Olivenöl. Gib zum Schluss die gehackten Kräuter hinzu.
5. In der Zwischenzeit sind die Teigplatten etwas aufgetaut. Schneide die Platten in jeweils zwei Hälften, sodass Quadrate entstehen.
6. Schneide jedes Quadrat an den Ecken etwa 2 cm weit ein. Gib nun in die Mitte jeder Platte einen Esslöffel der Tomaten-Mischung.
7. Lege jede zweite Ecke wie bei einem Windrad in der Mitte übereinander und drücke sie fest, sodass sie aneinanderkleben.
8. Backe die Windräder im Ofen bei 180 Grad Celsius etwa 12 Minuten, bis der Teig hellbraun und der Käse geschmolzen ist.

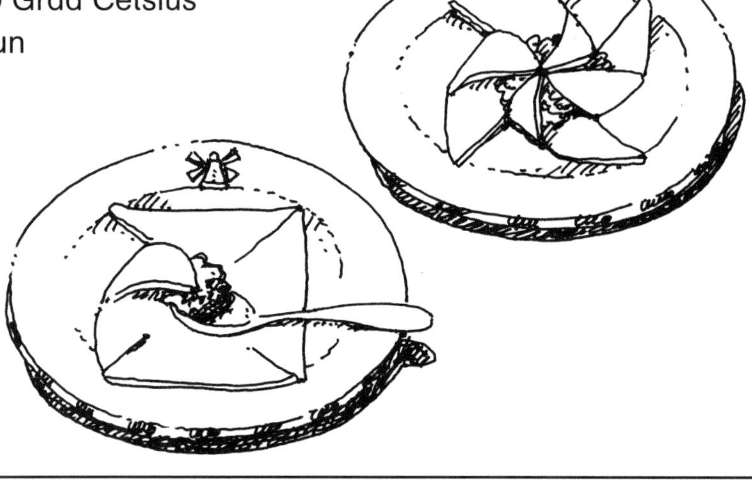

7. Kapitel: Projekt Radio

Vorbemerkung

In den Wochen vor den Sommerferien ist meist Zeit für besondere Projekte: Ein Theaterstück wird einstudiert oder eine andere Darbietung für das Sommerfest erarbeitet.

Auf den folgenden Seiten wird die Planung und Umsetzung eines etwas anderen Projekts erläutert – eine Radiosendung zum Abschluss des Schuljahres.

Der Umgang mit Medien bietet spezifische Erfahrungs- und Lernmöglichkeiten. Ein mediales Produkt gemeinsam herzustellen fördert die Fantasie und Kreativität der Kinder, sie lernen in der Gruppe zu kooperieren sowie mit konstruktiver Kritik umzugehen. Weiterhin ermöglicht das Projekt den Kindern, Gelerntes direkt anzuwenden: Durch das Verbinden sprachlicher und handlungsorientierter Fähigkeiten gewinnen sie an kommunikativer Kompetenz und können authentische Erfahrungen machen.

Wenn die Kinder ihr Produkt über den Schulfunk präsentieren, können sie überprüfen, inwieweit es ihnen gelingt, ihr Anliegen öffentlich zu machen. So lernen sie bereits ein wichtiges Grundprinzip demokratischer Gesellschaften kennen.

Lehrplanbezug

Allgemein

- Authentische Erfahrungen machen
- Kommunikative Kompetenz erwerben
- Kooperationsfähigkeit fördern

Deutsch

- Verständlich und ausdrucksvoll sprechen
- Auf gute Artikulation achten
- Gestaltungsmittel erproben
- Flüssig lesen
- Sich und andere informieren

Projektgestaltung

Voraussetzungen

Bei dem Radioprojekt soll es sich nicht um eine Live-Sendung, sondern um eine Aufzeichnung handeln: Die einzelnen Beiträge werden also nach der Aufnahme geschnitten und aneinandergereiht. Die erforderliche technische Ausstattung ist überschaubar: Die einfachste Variante ist ein Doppelkassettenrekorder mit zugehörigem Mikrofon. Eine bessere Aufnahmequalität erzielen Sie mit einem Mini-Disc-Player mit Mikrofon. Dieses Gerät lässt sich außerdem wesentlich problemloser transportieren. Für den Schnitt benötigen Sie zusätzlich einen Kassettenrekorder, eventuell mit eingebautem CD-Player, und ein Verbindungskabel zum Überspielen des Tonmaterials. Denken Sie auch an Kassetten/CDs und Batterien.

Die fertig aufgenommene und geschnittene Sendung wird über die Lautsprecheranlage der Schule abgespielt.

Während praktisch alle Beiträge zeitlich flexibel erstellt werden können, ist es ratsam, für das „Expertengespräch" (Seite 125) einen Termin zu vereinbaren. Dies können Sie erledigen oder aber die Kinder kümmern sich selbst darum: Tipps dazu finden sie auf der Kopiervorlage auf Seite 123.

Planung und Umsetzung

Fragen Sie zu Beginn, was die Kinder mit dem Begriff „Radio" verbinden. Mithilfe des Arbeitsblatts „Wir planen eine Radiosendung" (Seite 120) können Sie von einer beliebigen Radiosendung zu dem geplanten Radioprojekt Ihrer Klasse überleiten.

Bei der Einteilung in die einzelnen Projektbereiche ist die Kooperations- und Kompromissbereitschaft der Kinder gefragt. Helfen Sie gegebenenfalls und berücksichti-

gen Sie die Interessen und Neigungen der einzelnen Schüler. Betonen Sie, dass für ein gutes Gelingen der Sendung alle Aktivitäten gleichermaßen wichtig sind.

Den Aufbau der Sendung frühzeitig festzulegen erleichtert später die Umsetzung. Die hier vorgeschlagene Reihenfolge kann selbstverständlich variiert und erweitert werden:

- Lied
- Begrüßung
- Interview auf dem Pausenhof
- Expertengespräch
- Werbung
- Aktuelle Nachrichten
- Witze
- Quiz
- Verabschiedung
- Lied

Zwischen die einzelnen Beiträge kann eine bestimmte Melodie eingefügt werden.

Wenn Ihre Klasse zum ersten Mal ein solches Projekt durchführt, sollte das Hauptaugenmerk auf dem Vortrag liegen. Die Kopiervorlagen auf den Seiten 124 bis 128 tragen dem Rechnung und bieten Vorschläge für Begrüßung, Verabschiedung, Anmoderationen und Überleitungen zu anderen Beiträgen. Die Arbeitsblätter auf den Seiten 120 bis 123 hingegen sind für Schüler gedacht, die ein ähnliches Projekt bereits realisiert haben und einzelne Teilbereiche nun selbstständig gestalten wollen. Sie geben Tipps zur Umsetzung einzelner Aufgaben, wie zur Interviewführung, zur Handhabung der Technik oder zum Kontaktieren eines Experten.

Alle Teile der Sendung können in beliebiger Reihenfolge aufgenommen werden. Überspielen Sie die einzelnen Beiträge anschließend in der gewünschten Reihenfolge mithilfe des Doppelkassettendecks auf eine zweite Kassette. Haben die Schüler die Interviews mit einem Mini-Disc-Player aufgezeichnet, benötigen Sie für das Überspielen dieser Beiträge auf Kassette ein entsprechendes Kabel, mit dem Sie Kassettenrekorder und Mini-Disc-Player verbinden können.

Auch das Anfangslied und die Zwischenmelodien sollten auf Kassette vorliegen, sofern Ihr Kassettenrekorder nicht über ein CD-Deck verfügt.

Zu den Kopiervorlagen

KV Seite 120

Wir planen eine Radiosendung

In Partnerarbeit überlegen die Kinder, welche Arten von Radiobeiträgen sie bereits kennen. Sammeln Sie die Ideen an der Tafel. Das Cluster kann als Grundlage für die Auswahl geeigneter Beiträge für die eigene Sendung dienen. Auch wenn die Beiträge in beliebiger Reihe aufgenommen werden, ist es günstig, beizeiten festzulegen, in welcher Reihenfolge die Beiträge gesendet werden sollen.

Bei der Namensfindung für ihren „Sender“ können die Kinder eventuell den Namen der Schule oder des Ortes aufgreifen.

Für den Beginn und das Ende der Sendung wählen die Schüler eine Melodie aus, die ihnen gefällt. Dies kann ein bekanntes Lied oder ein kurzes Instrumentalstück sein. Lassen Sie die Kinder über ihren Favoriten abstimmen.

Lösung

Aufgabe 1:

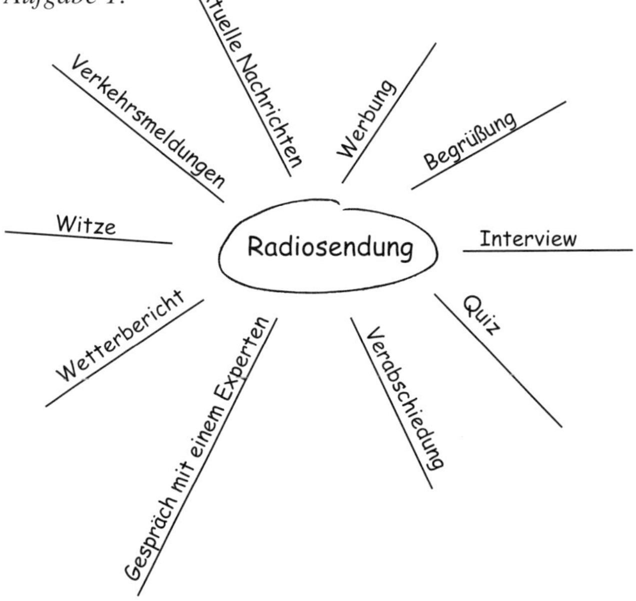

KV Seite 121

Ein Interview führen

Ziel des Interviews ist es, Informationen zu vermitteln. Stellvertretend für den Hörer fragt der Reporter oder Moderator den Gesprächspartner aus. Er stellt Fragen, der andere antwortet.

Für die Schüler ist es am einfachsten, wenn sie sich vor dem Gespräch ihre Fragen auf kleine Zettel notieren. So gehen sie sicher, dass sie in der Aufregung nichts vergessen. Bereiten Sie die Kinder aber auch darauf vor, dass ihr Interviewpartner anders als erwartet antworten kann – dann müssen sie spontan reagieren, nachfragen oder eine Extra-Frage stellen.

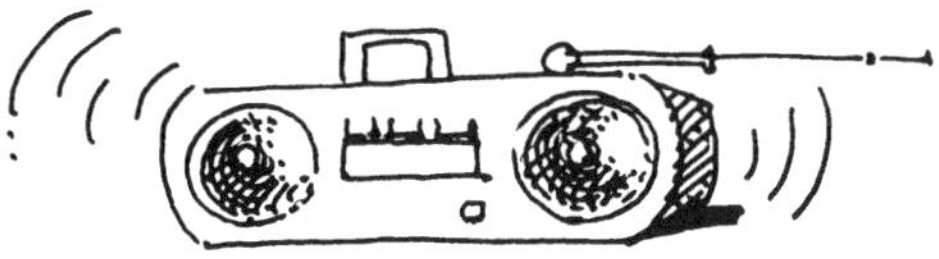

Erklären Sie den Kindern den Unterschied zwischen offenen und geschlossenen Fragen und zeigen Sie anhand eines Beispiels, wie die Fragestellung den Verlauf des Interviews beeinflussen kann.

KV Seite 121

Rund um die Technik

Auch die Aufnahme muss gut vorbereitet sein. Einige Kinder werden erstmals die eigene Stimme „vom Band" hören – eine interessante und lustige Erfahrung. Um bei den eigentlichen Aufnahmen später Hemmungen und „Mikrofonangst" abzubauen, müssen sich die Schüler an ihre eigene Stimme gewöhnen. Geben Sie den Kindern deshalb Zeit, sich vor dem Interview mit dem Mikrofon und dem Aufnahmegerät vertraut zu machen, indem sie kurze Interviewsituationen proben. So üben sie auch gleichzeitig die Bedienung der Geräte und können überprüfen, ob alles funktioniert.

Nach einem Interview sollten die Kinder immer direkt prüfen, ob das Gerät aufgenommen hat – das erspart später unter Umständen viel Ärger!

KV Seite 122

Tipps für Radiosprecher

Im Gegensatz zu geschriebenen Texten, bei denen der Leser beliebig oft zurückgehen kann, wenn er etwas nicht richtig verstanden hat, ist Nachlesen im Radio nicht möglich. Jedes Wort des Radiosprechers ist nur einmal zu hören. Der Hörer muss sich der Sprechgeschwindigkeit des Sprechers anpassen, auch wenn diese nicht der Geschwindigkeit entspricht, die ihm angenehm ist. Kann der Hörer dem Sprecher nicht folgen, schaltet er ab. Dazu kommt, dass Radio ohnehin meist nebenbei gehört wird. Auch wenn das vorliegende Projekt im Rahmen einer Schulveranstaltung einem interessierten Kreis präsentiert wird, sollten diese Hörgewohnheiten nicht ignoriert werden.

Für die Schüler bedeutet das, langsam und deutlich zu sprechen sowie auf die Betonung zu achten. Das klappt nicht beim ersten Mal – lassen Sie die Schüler deshalb ihre Texte mehrmals laut vorlesen, bevor sie aufgenommen werden. Regen Sie die Kinder an, Sprechgeschwindigkeit, Lautstärke und Betonung zu variieren und so selbst herausfinden, welche Sprechweise zu ihrem Radiobeitrag passt.

Ausgehend von den beiden Beispielen auf dem Arbeitsblatt können diejenigen Kinder, die selbst redaktionell tätig werden möchten, Regeln für das Erstellen eigener kleiner Texte ableiten. So gilt generell: Keine „steifen" (schriftsprachlichen) Sätze bilden, sondern ruhig umgangssprachliche Worte und Wendungen benutzen. Auch Wiederholungen sind erlaubt – sie sind ein Mittel, um Verständlichkeit zu schaffen. Synonyme zu suchen, die dann doch keiner versteht, macht keinen Sinn. Außerdem gilt: immer eins nach dem anderen, am besten nur eine Information pro Satz. Dabei müssen die Schüler im Auge behalten, was für den Hörer wichtig ist, und überflüssige Informationen weglassen. Lassen sich Nebensätze nicht vermeiden, sollten sie nicht eingeschoben werden. Auch ist es besser, im Aktiv zu sprechen und das Passiv nur zu verwenden, wenn es nicht anders geht.

Lösung

	gut	schlecht
Text-vortrag im Radio	• laut sprechen • deutlich sprechen • auf eine gute Betonung achten	• zu leise sprechen • undeutlich sprechen • Text ohne Betonung lesen (→ wirkt langweilig)
Texte für das Radio schreiben	• kurze Sätze schreiben • immer nur eine Information pro Satz • unwichtige Informationen weglassen	• lange, unübersichtliche Sätze schreiben • alle Informationen in einen Satz schreiben

KV Seite 123

Expertengespräch

Sofern eine Erklärung des Begriffs nicht schon früher erfolgt ist (z. B. bei einem Gespräch über verschiedene Beiträge einer Radiosendung), klären Sie mit den Kindern, was ein Experte ist und wodurch er sich auszeichnet. Für die Radiosendung kann dies eine Person des öffentlichen Lebens sein, die Tipps für die Gestaltung der Ferien geben kann (z. B. Kreisjugendring, Schwimmbad, Bibliothek, Freizeitpark). Das Arbeitsblatt hilft den Schülern dabei, Kontakt zu dem Experten aufzunehmen und sich auf das Gespräch vorzubereiten (siehe auch Seite 121 „Ein Interview führen"). Falls Ihre Schüler es

sich noch nicht zutrauen, selbst den Kontakt zu einem Experten herzustellen, können Sie das Gespräch organisieren.

Ist es nicht möglich, einen externen Experten zu finden, bieten sich vielleicht innerhalb der Schule Experten an: Anderen Klassen wird der Arbeitsauftrag gegeben, sich Tipps zur Feriengestaltung zu überlegen und sie vorzutragen. Die Einbindung weiterer Klassen erhöht zudem das Interesse an der Sendung und kann das Klassenradio zu einem Schulradio werden lassen.

Lösung
Aufgabe 1:
Person, die über spezielles Wissen oder spezielle Fähigkeiten auf einem bestimmten Gebiet verfügt.

KV Seite 124–128

Mögliche Sendebeiträge
Die folgenden Kopiervorlagen beinhalten einfache Kurztexte, die einzelne Beiträge einleiten bzw. zum nächsten überleiten. Anhand der Texte können die Kinder ihren Lesevortrag üben. Das in einer Radiosendung erforderliche langsame und deutliche Sprechen fällt den Schülern dabei anfangs oft ebenso schwer wie die richtige Betonung. Beim Erzeugen passender Hintergrundgeräusche sind der Fantasie keine Grenzen gesetzt.

Natürlich kann Ihre Klasse die Texte zu den einzelnen Beiträgen auch selbst verfassen. Insbesondere wenn bereits ein ähnliches Projekt durchgeführt wurde und das Hauptaugenmerk nicht mehr auf der Vortragsleistung liegen muss, wird den Kindern die selbstständige redaktionelle Arbeit großen Spaß machen.

Begrüßung
Die Begrüßung wird von drei Schülern übernommen. Je nach Klassenstärke können auch nur zwei Kinder lesen. Zurückhaltende Kinder können sich zu Beginn ganz auf das Erzeugen von Geräuschen beschränken.

Interview auf dem Pausenhof
Die für das Interview zuständigen zwei oder drei Kinder müssen lernen, sich dem Interviewpartner freundlich vorzustellen, ihre Frage deutlich zu stellen, dabei ins Mikrofon zu sprechen und die Antwort auch aufzunehmen. Lassen Sie die Kinder die Interviewsituation erst miteinander im Klassenraum üben, bevor sie mit Aufnahmegerät und Mikrofon auf den Pausenhof gehen. Um Störungen zu vermeiden, sollten Sie während der Aufnahmen anfangs dabeibleiben. Für die spätere Sendung sind etwa fünf gute Antworten nötig.

Unser Expertengespräch
Als Experte bietet sich für die Sommersendung z. B. ein Interview mit einem Mitarbeiter des Kreisjugendrings, dem örtlichen Schwimmbad, der Bibliothek oder eines Freizeitparks an, der den Kindern Anregungen für die Gestaltung ihrer Ferien geben kann.

Vereinbaren Sie einen Termin, zu dem der Fachmann entweder in die Schule kommt oder die Schüler ihn besuchen können. Geben Sie den Kindern das Arbeitsblatt „Unser Expertengespräch (1)“ (Seite 125, oben) an die Hand. Falls Ihre Schüler bereits die Vorarbeit zu einem solchen Expertengespräch selbst übernehmen möchten (Experten suchen und kontaktieren), bietet sich als Hilfe das Arbeitsblatt auf Seite 123 an.

Alternativ können die Kinder auch Experten innerhalb der Schule finden: Vielleicht haben ja die Schüler anderer Klassen einen guten Tipp zur Feriengestaltung? Die Kinder verwenden in diesem Fall das Arbeitsblatt „Unser Expertengespräch (2)“ (Seite 125, unten).

Werbung
Nach einem informativen Block sollte immer wieder ein lustiges Element folgen, um die Aufmerksamkeit der Zuhörer zu garantieren.

Hintergrundgeräusche zur Untermalung sind bei der Werbung besonders wichtig. Dabei muss nicht jedes Geräusch „in echt“ aufgenommen werden – viele können die Kinder auch selbst erzeugen. Regentropfen, wie sie auf dem Arbeitsblatt vorgeschlagen werden, können nachgeahmt werden, indem man dünne Plastiktüten oder Zeitungspapier aneinanderreibt, Zucker auf ein straff gespanntes Papier rieseln oder eine Tüte Reis in eine Pappkiste prasseln lässt.

Falls Ihre Schüler eigene Ideen umsetzen möchten, hier einige Tipps, wie sie weitere Geräusche erzeugen können:
Fahrrad: einen Regenschirm ohne Bespannung schütteln und ab und zu mit einer Fahrradklingel klingeln
Schritte: Papier zerknüllen oder im gewünschten Schrittrhythmus aneinanderreiben

Wind: in kreisförmigen Bewegungen mit einer Kleiderbürste über eine Pappe streichen

Aktuelle Nachrichten
Diesen Programmpunkt gestalten alle Klassen der Schule gemeinsam. Dazu bereitet jede Klasse einen kurzen Bericht über aktuelle Ereignisse und Aktivitäten in ihrer Klasse vor, wie z. B. Projekte, geplante Aktivitäten für die Sommerferien o. Ä. Diese Beiträge werden vom Nachrichtenteam Ihrer Klasse (ein Schüler pro Klasse) zusammengetragen, vorgelesen und aufgenommen.

Quiz
Das Quiz richtet sich an alle Hörer der Sendung. Die Quizfrage überlegen sich die Kinder selbst. Sie sollte sich auf das Thema der Sendung beziehen, z. B.: „Wie heißt das Schwimmbad unserer Stadt, das in den Ferien Spiel und Spaß bietet?“

Die Hörer schreiben ihre Antwort auf einen kleinen Zettel (Name und Klasse nicht vergessen!) und werfen ihn in die Box vor dem Klassenzimmer der Redaktion. Die Auslosung erfolgt dann einige Tage nach der Ausstrahlung der Sendung.

Die Box für das Quiz können die Kinder selbst basteln. Denken Sie auch daran, einen kleinen Preis für den Sieger der Auslosung zu besorgen (Gutschein für den Pausenverkauf, Stifte, Aufkleber o. Ä.)

Witze
Zwischen die Programmpunkte „Aktuelle Nachrichten“ und „Quiz“, aber auch zwischen das „Interview auf dem Pausenhof“ und das „Expertengespräch“ lassen sich zur Auflockerung Witze einbauen. Dafür wählt die Klasse etwa drei Lieblingswitze zum Thema Sommer aus. Fallen den Kindern nicht genügend passende Witze ein, kann ein Witzbuch zurate gezogen werden.

Verabschiedung
Die Verabschiedung können die Kinder übernehmen, die auch schon für die Begrüßung zuständig waren.

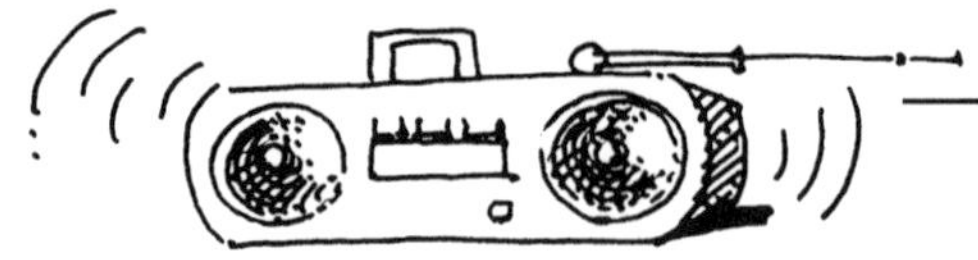

Wir planen eine Radiosendung

Welche Beiträge in einer Radiosendung kennt ihr?

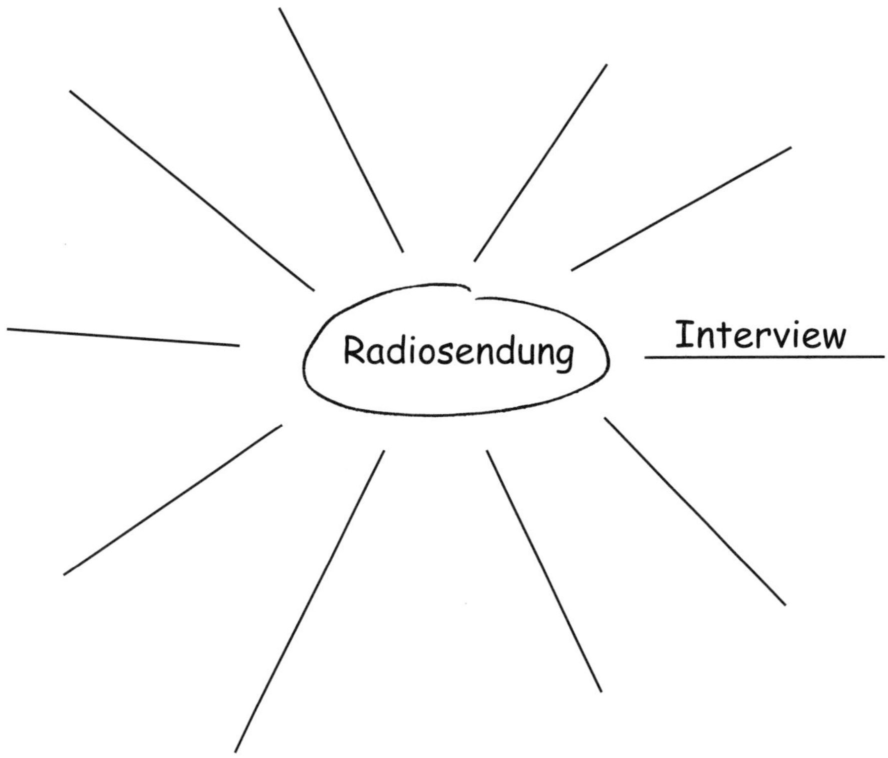

Gestaltet selbst eine Radiosendung.

- Überlegt gemeinsam einen passenden Namen für euren Sender.
- Eure Radiosendung soll ein bunter Mix aus Unterhaltung und Information rund um das Thema Sommer(-ferien) sein. Welche Beiträge eignen sich dafür?
- Legt den Aufbau der Sendung fest. Überlegt euch die Reihenfolge, in der ihr eure Beiträge senden möchtet. Das erleichtert es euch später, das Projekt durchzuführen.
- Zu Beginn und am Ende einer Sendung gibt es oft eine „Erkennungsmelodie“. Wählt ein Musikstück aus – das kann ein bekanntes Lied ebenso wie ein kurzes Instrumentalstück sein.
- Überlegt nun gemeinsam, wer von euch welchen Bereich gestaltet: Wer begrüßt und verabschiedet die Zuhörer, wer führt ein Interview, wer ist verantwortlich für die Musik? Es sollen immer mindestens zwei Kinder zusammenarbeiten.

Ein Interview führen

- Überlege: Welche Informationen möchtest du von deinem Interviewpartner bekommen? Notiere deine Fragen auf Zettel.
- Stelle dich kurz vor und sage, warum du das Interview führst.
- Beginne mit einer „offenen Frage", z. B.: Was kannst du / können Sie uns für die Sommerferien empfehlen? Offene Fragen fordern deinen Gesprächspartner auf, eine etwas längere Antwort zu geben.
  „Geschlossene Fragen" können kurz und knapp beantwortet werden, oft reicht ein Wort (Ja / Nein), z. B.: Müssen Schüler für den Fotokurs etwas bezahlen?
- Denke immer daran, möglichst kurze Fragen zu stellen, damit dein Gesprächspartner und auch die Zuhörer deine Fragen gut verstehen und sich merken können.
- Bedanke dich am Ende bei deinem Interviewpartner für das Gespräch.

Rund um die Technik

Ausrüstung

Eure Lehrerin oder euer Lehrer hilft euch die Ausrüstung zu beschaffen.
Überprüft, ob ihr alles dabei habt, bevor ihr zu einem Interview geht.

- Aufnahmegerät (Kassettenrecorder, Mini-Disc-Player)
- Mikrofon mit Kabel
- Kassette oder CD
- Batterien
- Notizblock und Stifte
- Zettel mit Interviewfragen

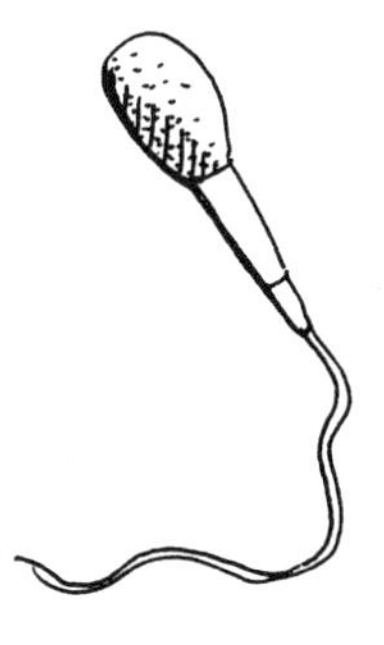

Interview

- Überprüft vor der Aufnahme Gerät, Batterien, Kassette oder CD.
- Stellt das Gerät richtig ein und macht eine Testaufnahme.
- Nehmt das Mikrofon-Kabel mit einer Schlaufe in die Hand, damit der Stecker nicht wackelt.
- Haltet das Mikrofon ruhig und möglichst nahe vor den Mund des Sprechers.
- Redet nicht dazwischen oder „brummelt".
- Denkt daran, auch eure eigenen Fragen in das Mikrofon zu sprechen.
  Überprüft gleich nach dem Interview, ob das Gerät aufgenommen hat.

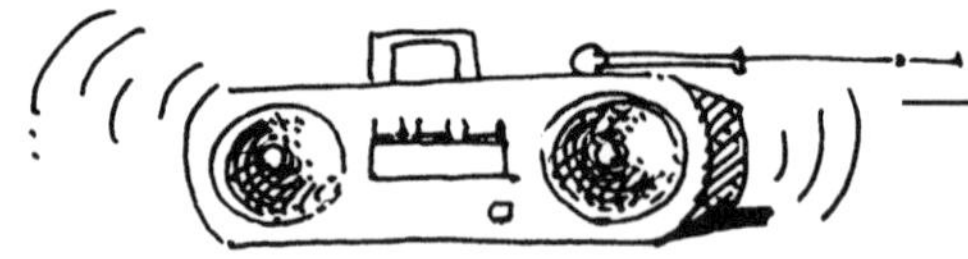

Name:

Tipps für Radiosprecher

Verstehst du beim Lesen in einem Buch oder einer Zeitung etwas nicht, liest du den Satz einfach noch einmal. Das geht beim Radiohören nicht: Jedes Wort, jeden Satz hörst du nur einmal. Außerdem bestimmt der Sprecher, wie schnell du hören und verstehen musst.

Wie musst du im Radio sprechen, damit deine Zuhörer alles verstehen? Was darfst du nicht machen? Schreibe deine Ideen in die Tabelle.

	gut	schlecht
Textvortrag im Radio		
Texte für das Radio schreiben		

Wie ist ein Text geschrieben, den ein Sprecher im Radio vorliest? Vergleiche die Beispiele. Welcher Text ist besser geeignet? Warum? Ergänze die Tabelle.

Beispiel A: Auf der Suche nach Ideen für die Gestaltung der Sommerferien wurden verschiedene Schüler von Klara und Max gefragt, was sie empfehlen würden. Außerdem sind die beiden mit dem Bus Nummer 53 zum Kreisjugendring gefahren, wo sie am Nachmittag einen Termin bei der Leiterin, Frau Bühler, hatten, die folgende Empfehlungen für uns bereithält: …

Beispiel B: Klara und Max möchten euch ein paar Ideen für die Sommerferien geben. Sie haben andere Schüler gefragt, was sie empfehlen würden. Außerdem waren die beiden bei Frau Bühler, der Leiterin des Kreisjugendrings. Sie gibt euch folgende Tipps: …

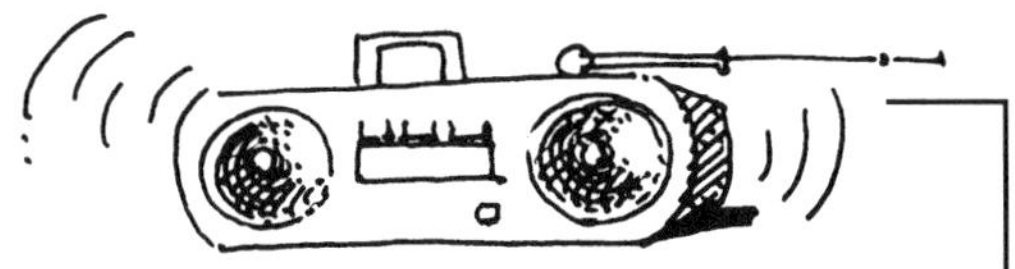

Name:

Expertengespräch

Was ist ein Experte? Schreibe eine kurze Erklärung des Begriffs.

____

____

Nehmt Kontakt zu einem Experten auf und bereitet das Gespräch vor. Beachtet Folgendes.

1. Einen Experten finden

Tipps für die Gestaltung der Ferien können euch z. B. Mitarbeiter des Kreisjugendrings, eines Schwimmbads, der Bibliothek oder eines Freizeitparks geben. Adressen findet ihr im Telefonbuch oder im Internet. Oder fragt eure Lehrerin oder euren Lehrer.

2. Kontakt aufnehmen

Am schnellsten geht es, wenn ihr einfach anruft – mehr als eine Absage könnt ihr nicht bekommen. Aber aufgepasst: Oft müsst ihr erst einmal der Sekretärin den Grund eures Anrufs erklären; in größeren Unternehmen ist meist sogar eine eigene Abteilung (Pressestelle, Abteilung Öffentlichkeitsarbeit) dafür zuständig.
Ihr könnt natürlich auch eine E-Mail oder einen Brief schreiben und um einen Termin bitten.
Ohne Voranmeldung mit einem Mikrofon in der Hand zu erscheinen ist nicht zu empfehlen!

3. Wie bereite ich das Gespräch mit einem Experten vor?

Überlegt euch vor dem Gespräch eure Fragen und schreibt sie auf einen Zettel, z. B.: Wann und wo findet die Exkursion / das Spiel / der Fotokurs statt? Was kann man erleben? Was muss man mitbringen? Wie viel kostet es? Wo und bis wann kann man sich anmelden? …

4. Wie führe ich das Interview?

Führt mit dem Experten ein kurzes Vorgespräch. Dabei könnt ihr z. B. euer Projekt vorstellen, nach der genauen Tätigkeit des Experten fragen oder Ähnliches. Merkt euch so viel wie möglich, einer von euch kann auch mitschreiben. Vielleicht fallen euch so noch ein paar Extra-Fragen ein?
Stellt anschließend eure Interview-Fragen und nehmt die Fragen und Antworten auf.
Bedankt euch am Schluss für das Gespräch.

Begrüßung

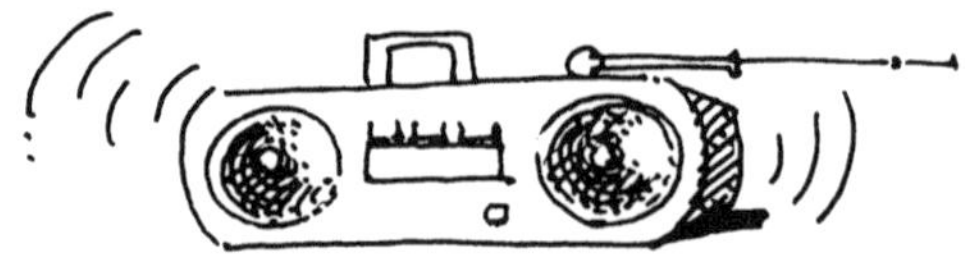

Schüler 1: Herzlich willkommen, liebe Zuhörerinnen und Zuhörer!
Nur noch kurze Zeit, dann ist auch dieses Schuljahr wieder geschafft!
(Geräusch: Tröte oder Jubel)

Schüler 2: Sechs Wochen Ferien, keine Lehrer, keine Hausaufgaben, keine Proben!
(kurze Pause, die Stimme wird immer trauriger) Kein Sportunterricht,
kein Quatsch in der Pause, kein Schubsen, keine Freunde … Buäh!
(lautes Schluchzen)

Schüler 3: Reiß dich zusammen. Sommerferien sind doch super! Da kann man eine Menge Spaß haben. Man könnte, ähm, man könnte doch zum Beispiel, hm, sich furchtbar langweilen! *(Stimme geht in Schluchzen über)*

Schüler 1: Also das darf doch nicht wahr sein! Liebe Zuhörer, helft uns! Die ganze Redaktion ist völlig am Ende! Habt ihr nicht ein paar Tipps für uns, was man in den Sommerferien in unserer Stadt Tolles erleben kann?

Schüler 2: Ich gebe schnellstens ab an unser Außenmikrofon!

Schüler 3: Heul – ich will keine Ferien! Lasst mich in die Schule gehen! Mir ist so langweilig! *(Schnief)*

Interview auf dem Pausenhof

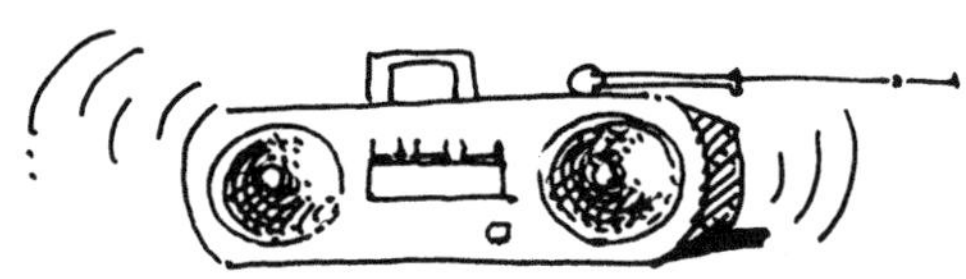

Hallo, ihr Lieben!
Vom Pausenhof meldet sich heute euer/e … !
Mal sehen, ob mir hier jemand weiter helfen kann. Ja, da sehe ich doch schon ein paar schlaue Kerlchen.

Schüler 1

Seid gegrüßt. Ich heiße … und komme von Radio … !
Könnt ihr mir sagen, was man in den Sommerferien in unserer Stadt Tolles unternehmen kann?

Schüler 2

Danke für das Gespräch!
Ihr habt uns wirklich weitergeholfen.

Unser Expertengespräch (1)

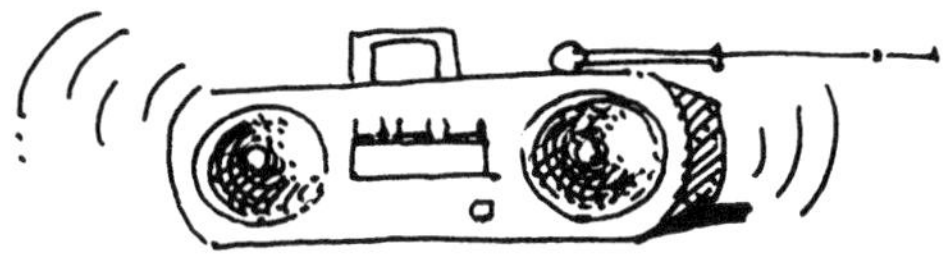

Schüler 1: Ja, vielen Dank für die tollen Tipps!
Liebe Zuhörerinnen und Zuhörer, so langweilig scheint es in den Ferien also doch nicht zu werden.

Schüler 2: Da bin ich mir ganz sicher, denn es ist uns gelungen, einen weiteren Geheimtipp für euch aufzuspüren. Spitzt die Ohren!

Schüler 3: Ich begrüße sehr herzlich Frau / Herrn ____________________!

Frau / Herr ____________________

ist ____________________

in ____________________.
Was können Sie uns für die Sommerferien empfehlen?

Unser Expertengespräch (2)

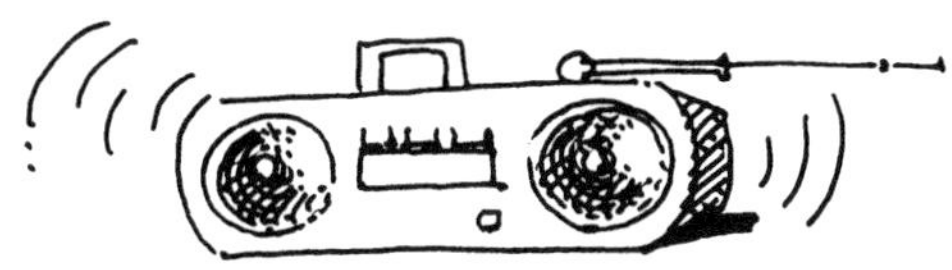

Schüler 1: Ja, vielen Dank für die tollen Tipps!
Liebe Zuhörerinnen und Zuhörer, so langweilig scheint es in den Ferien also doch nicht zu werden.

Schüler 2: Da bin ich mir ganz sicher, denn es ist uns gelungen, weitere Geheimtipps für euch aufzuspüren. Spitzt die Ohren!

Schüler 3: Ich begrüße ____________________ aus der Klasse ______!
Was empfiehlst du uns in den Ferien?

Schüler 4: Auch ____________________ aus der Klasse ______ hat eine super Idee für euch. Hört gut zu!

Schüler 5: Zum Abschluss weiß ____________________ aus der ______ Klasse einen Rat!

Schüler 1: Na, jetzt kann aber nichts mehr schiefgehen in den Sommerferien.
Diese Tipps waren Klasse.
Bestimmt war auch für euch etwas dabei!

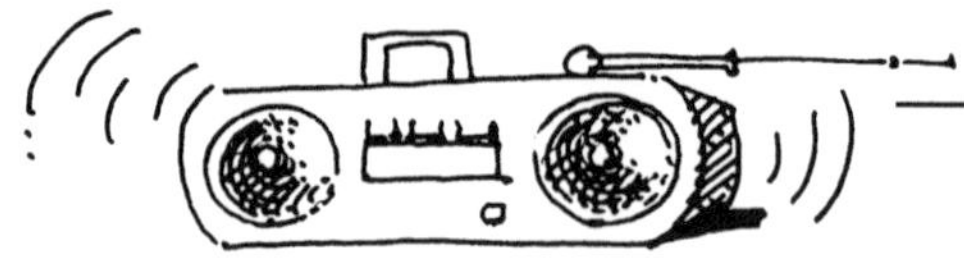

Werbung

(Regengeräusch) 

Fritzchen (total gelangweilt): Hm, … Mamaaa! Was soll ich machen?

Mama: Fritzchen! Was sitzt du hier herum! Du hast Ferien!
Darauf hast du doch so lange gewartet! Spiel doch was!

Fritzchen: Was denn, Mama? Es regnet doch schon wieder!

Papa: Mein Junge, du hast so viele Spielsachen. Da wird schon etwas dabei sein.

Fritzchen: Aber Papa! Das kenn ich doch schon alles!

Mama: Komm, wir schauen mal in deinem Ranzen nach. Vielleicht finden wir da etwas.

Fritzchen (gelangweilt): Na gut! Wenn du meinst …

(Raschelgeräusch)

Mama (entzückt): Na, was haben wir denn da? *(Tusch)*
Arbeitsblätter für die Ferien – von deiner Lehrerin! Ist das nicht toll?

Fritzchen: Hurra! Da leg ich gleich los!

(Dreiklang auf dem Xylophon)

Papa: Ist es in den Ferien fad – mach doch mal ein Übungsblatt!

Fritzchen: Übungsblätter für die Ferien – hol sie dir noch heute!
Deine Lehrerin hat Tausende davon!

(Tusch)

Aktuelle Nachrichten

Heute ist ______________.

Hier ist __________ von

Radio ____________ mit

den neuesten Meldungen.

In der Klasse …

…

Quiz

Schüler 1: Liebe Zuhörerinnen und Zuhörer.
Das Warten hat ein Ende: Endlich ist es Zeit für unsere Quizfrage!

(Tusch)

Schüler 2: Wer die Antwort weiß, schreibt sie bitte auf einen Zettel und wirft diesen in die Box vor dem Klassenzimmer der Klasse ___!

Schüler 3: Unter den richtigen Antworten verlosen wir einen großartigen Preis!
Das Mitmachen lohnt sich!

Schüler 4: Bitte vergesst nicht, euren Namen und eure Klasse auf den Zettel zu schreiben!

Schüler 5: Also, dann kann es losgehen! Ohren auf! Die heutige Quizfrage lautet:

____?

(Tusch)

Schüler 6: Wir sind gespannt auf eure Antworten!

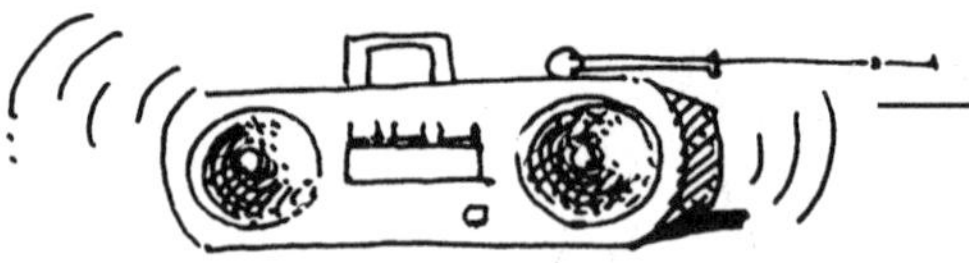

Verabschiedung

Schüler 1: So, ihr Lieben! Jetzt sind wir auch schon am Ende der großen Sommersendung von Radio ______________ angelangt!

Schüler 2: Hoffentlich konnten wir euch ein paar Anregungen für die Ferien mit auf den Weg geben.

Schüler 3: Passt gut auf euch auf und kommt nach den Ferien alle gesund wieder in die Schule.

Schüler 1: Und holt euch bloß keinen Sonnenbrand!

Schüler 2: Jawohl, und fallt nicht von der Luftmatratze!

Schüler 3: Richtig, und tretet in keinen Ameisenhaufen!

Schüler 1: Also, haltet die Ohren steif!

Schüler 2: Das gilt besonders für die Viertklässler! Lasst euch an der neuen Schule nicht unterkriegen!

Schüler 1, 2, 3 (im Chor): Macht es gut und Tschüs zusammen!